Vente à Paris
Les LUNDI 8 et MARDI 9 Décembre 1913
Hôtel DROUOT, Salle n° 9 , au 1er étage

COLLECTION D'UN AMATEUR ÉTRANGER

Monnaies Antiques

GRECQUES, ROMAINES ET GAULOISES

MONNAIES FRANÇAISES

ROYALES & FÉODALES

MONNAIES ÉTRANGÈRES

MÉDAILLES ET JETONS

Série des Victimes de la Révolution

DECORATIONS

Me André DESVOUGES
Commissaire-Priseur
Successeur de M. Maurice DELESTRE
la Grange-Batelière

M. Clément PLATT
Expert
Quai MALAQUAIS, 21

PARIS

MONNAIES GRECQUES, ROMAINES

GAULOISES

Monnaies Françaises, Royales et Féodales

MÉDAILLES ET JETONS

SÉRIE DES VICTIMES DE LA RÉVOLUTION

VENTÉ AUX ENCHÈRES PUBLIQUES

A PARIS, HÔTEL DES COMMISSAIRES-PRISEURS, RUE DROUOT, 9

SALLE N° , AU PREMIER ÉTAGE

Les LUNDI 8 et MARDI 9 DÉCEMBRE 1913

A DEUX HEURES PRÉCISES

EXPOSITION PUBLIQUE UNE HEURE AVANT LA VENTE

Commissaire-Priseur	*Expert*
M⁰ ANDRÉ DESVOUGES	M. CLÉMENT PLATT
Successeur de M. Maurice DELESTRE	21, Quai Malaquais
26, Rue de la Grange-Batelière	

PARIS

Conditions de la Vente

La vente aura lieu au comptant ;

Les acquéreurs paieront dix pour cent en sus des enchères ;

Les pièces seront exposées une heure avant la vente ; les acquéreurs pourront ainsi juger de leur état. Aucune réclamation ne sera admise une fois l'adjudication prononcée ;

M. Clément PLATT exécutera les commissions que MM. les Amateurs voudront bien lui confier, aux conditions habituelles (5 o/o sur la limite) ;

M. Clément PLATT donnera très volontiers à MM. les Amateurs toutes les explications complémentaires désirées, ainsi que les estimations prévues pour les numéros de la vente.

L'expert peut suivre ou modifier l'ordre du catalogue, et réunir ou diviser les numéros.

La conservation des pièces a été indiquée sévèrement B = beau ; **TB** = très beau ; **FDC** = fleur de coin.

EXPOSITIONS

Particulière : Chez M. Clément PLATT, 21, Quai Malaquais, Paris ;

Publique : A l'HOTEL DROUOT, salle n°   , une heure avant chaque vacation.

Ordre des Vacations

Le premier jour, vente du n° 1 jusqu'au n° 341 inclus.
Le deuxième jour, du n° 342 jusqu'à la fin.

CATALOGUE DES MONNAIES

MONNAIES GRECQUES

1 **Campanie. Néapolis.** Jolie tête de femme à dr. avec boucles d'oreilles ; dessous ΔΙΟΦΑΝΟΥ. ℞. Taureau androcéphale à dr. couronné par une victoire [ΝΕΟ] ΠΟΛΙΤΗ. Didrachme arg. *B.*

2 **Calabre. Tarente.** Cavalier au galop à dr. ℞. Taras à g. sur le dauphin ; et variété le cavalier au pas à dr., se couronnant. Didrachmes arg. ayant été dorés et soudés pour boutons. Ens. 2 pièces. *B.*

3 — Deux autres didrachmes variés au cavalier au galopant ; ayant été dorés et soudés pour boutons. Ens. 2 pièces. *B.*

4 — Une autre variété. Arg.

5 **Lucanie. Métaponte.** Tête de nymphe à dr., épis dans les cheveux. ℞. Epi. Didrachme arg. *B.*

6 **Vélia.** Tête de nymphe à dr. de style très archaïque. Derrière Δ. ℞. ΓΕΛΗ. Chouette, la tête de face, sur une branche d'olivier. Drachme arg. *B.*

7 — Tête de Minerve à g. avec casque à aigrette orné d'un griffon. ℞. ΥΕΛΗΤΩΝ. Lion à dr. ; dessus caducée. Didrachme arg. *B.*

8 **Bruttium.** Buste ailé de la Victoire à dr. ℞. ΒΡΕΤΤΙΩΝ. Dieu d'un fleuve nu debout de face se couronnant. Didrachme arg. *TB.*

9 — Tête d'Hercule à dr. ℞. Pallas combattant. Br. *B.*

10 — Tête de Jupiter à dr. ℞. Aigle debout à g. Br. *Beau.*

11 **Rhégium.** Tête d'Apollon à g. ℞. Scalp de lion de face. Br. Patine verte. *Beau.*

12 **Sicile. Agrigente.** Aigle à dr. ΑΚΡΑ. ℞. Crabe. Didrachme arg. *TB.* (Voir pl. I).

13 **Messana.** ΜΕΣΣΑΝΙΟΝ. Lièvre courant à dr., dessous dauphin. ℞. Bige lent à dr. Exergue: deux dauphins. Tétradrachme arg, B. (Voir pl. I).

14 — Variété : pas de dauphin sous le lièvre ; exergue au revers, une feuille. Tétradrachme arg. B.

15 **Syracuse.** ΣΥΡΑΚΟΣΙΩΝ. Tête de Déesse à dr. entourée de 4 dauphins. ℞. Quadrige à dr. couronné par la Victoire. Tétradrachme arg.

16 **Agatoclès,** Roi. ΚΟΡΑΣ. Tête de Proserpine à dr. ℞. ΑΓΑΘΟΚΛΕΟΣ. Victoire à dr. érigeant un trophée. Beau style. Tétradrachme arg. B. (Voir pl. I.)

17 **Philistis.** Reine. Sa tête voilée à g. ℞. ΒΑΣΙΛΙΣΣΑ. ΦΙΛΙΣΤΙΔΟΥ. Niké en un quadrige au galop à dr. Tétradrachme arg. TB. un peu piqué au revers. (Voir pl. I).

18 **Moesie. Istrus.** Deux têtes opposées. ℞. ΙΣΤΡΙ. Aigle sur un dauphin. didrachme arg. TB.

19 **Thrace. Lysimaque.** Roi. Tête diadémée et cornue d'Alexandre le Grand à dr. ℞. ΒΑΣΙΛΕΩΣ. ΛΙΣΙΜΑΧΟΥ. Pallas assise à g. tenant une victoire. Sur le siège BY, dessous un trident. Statère d'or. TB. (Voir pl. I.)

20 — Variété ME devant Pallas ; sans inscription sur le siège et sans le foudre. Statère d'or. TB. (Voir pl. I).

21 — Tétradrachme arg., même type ; dans le champ flambeau et abeille. TB. (Voir pl. I).

22 — Tétradrachme arg. même type ; dans le champ un caducée. Beau.

23 **Thasos.** Tête de Bacchus à dr. ℞. Hercule debout. Exergue ΘΑΣΙΩΝ. Tétradrachme arg. B.

24 **Maronea.** Cheval libre galopant à g. ℞. ΜΕΤΡΟΔΟΤΟ. en un carré creux autour d'un second carré orné d'un pied de vigne. Tétradrachme arg. B.

25 **Péonie. Audoléon.** Roi. Tête de Pallas coiffée du casque à crinière, presque de face. ℞. ΑΥΔΩΛΕ.Ν. Cheval passant à dr. Drachme arg. B.

26 **Macédoine.** Bouclier macédonien avec le buste de Diane à dr. ℞. ΜΑΚΕΔΟΝΩΝ. ΠΡΩΤΗΣ. Massue en une couronne. Tétradrachme. arg. TB.

27 **Neapolis**. Tête de face, tirant la langue. ℞. Tête jeune à dr. NEOΠ. Hemidrachme arg. *B*.

28 **Macédoine. Philippe II**. Roi. Tête laurée d'Apollon à dr. ℞. ΦIΛIΠΠOY. Bige au galop à dr. Dessous foudre. Statère d'or. *TB*. (Voir pl. I).

29 **Alexandre le Grand**. Roi. Tête casquée de Pallas à dr. Serpent sur le casque. ℞. AΛEΞANΔPOY. Victoire debout à g. Devant foudre. Statère d'or. *TB*. (Voir pl. I).

30 — Tête d'Hercule jeune à dr. avec la peau de lion. ℞. BAΣIΛEΩΣ. AΛEΞAN. Jupiter assis à g. Devant monogramme TK. Tétradrachme arg. *TB*.

31 — Variété. ℞. AΛEΞANΔPOY. Jupiter assis à g. Devant M et foudre. Tétradrachme arg. *TB*.

32 — Variété, tétradrachme, sans monogramme, et drachme. Ens. 2 pièces arg. *B*.

33 **Philippe III**. Tétradrachme arg. au même type.

34 **Thessalie. Larissa**. Tête de la nymphe Larissa presque de face, les cheveux flottants. ℞. ΛAPIΣAIΩN. Cheval paissant à g. Drachme arg. *TB*.

35 **Locride. Locri Opunzii**. Tête d'Aréthuse à dr., avec boucles d'oreilles et couronne de roseaux. ℞. OΠONTIΩN. Ajax nu combattant à dr. Hemidrachme arg. *TB*.

36 **Béotie. Thèbes**. Bouclier ℞. ΔAMO. Amphore sous la massue d'Hercule Statère arg. B.

37 **Attique. Athènes**. Tête archaïque de Minerve. ℞. AΘE. Chouette à dr., derrière rameau d'olivier. Tétradrachme arg. *B*.

38 — Variété. Tête de Minerve à dr. avec casque à aigrette. ℞. Chouette à dr. sur une amphore. Tétradrachme arg. *Beau*. (Voir pl. I).

39 **Argos**. Protome de loup à g. ℞. Dauphin sous un A en un carré creux Arg. *TB*.

40 **Péloponèse. Sycione**. Chimère à g. ℞. Colombe. Hemidrachme arg. *B*.

41 **Elis**. Tête de Jupiter à dr. ℞. FAΛEIΩN en 3 lignes en une couronne. Br. patine verte. *Beau*.

42 **Myrina**. Tête laurée d'Apollon à dr. ℞. MYPYNAIΩN. Apollon debout ; à ses pieds une amphore. Tétradrachme arg. *B*.

43 **Ionie. Erytrée.** Figure nue conduisant un cheval à g.
  ℞. ΕΡΥΘ. Fleur à 8 pétales en un carré creux. Drachme arg. *Rare.*

44 **Milet.** Tête de lion à g. ℞. Fleur à 8 pétales en un carré
  creux. Drachme arg. rare

45 **Samos.** Mufle de lion de face. ℞. ΣΑΜΙΩΝ. Protome
  de bœuf à dr. Drachme arg. *TB.* (Voir pl. I).

46 **Apaméa.** Ciste mystique d'où s'échappe un serpent. ℞.
  ΑΠ. Deux serpents dressés. Cistophore arg. *TB.*

47 **Mysie.** Tête de lion à g. ℞. Protome de sanglier à g.
  Arg. *TB.*

48 **Pamphylie. Aspendus.** Deux lutteurs nus, dessous ΛΛ.
  ℞. ΕΣΤΓΕΔΙΙΥΣ. Frondeur debout, triquetra. Tétradrachme arg. *TB.* (Voir pl. I.)

49 **Parthie.** Rois. 5 drachmes arg. variées. *B* et *TB.*

50 **Syrie. Antiochus II.** Tête diadémée du Roi à dr. ℞.
  ΒΑΣΙΛΕΩΣ. ΑΝΤΙΟΧΟΥ. Apollon nu assis sur l'omphalos. Tétradrachme arg. *B.*

51 **Séleucus II.** Tête diadémée du Roi à dr. ℞. ΒΑΣΙΛΕΩΣ.
  ΣΕΛΕΥΚΟΥ. Apollon nu assis à g. sur l'omphalos.
  Tétradrachme arg. *TB.* (Voir pl. I).

52 **Séleucus III.** Tétradrachme arg. même type. *B.*

53 **Antiochus III.** Tête diadémée du Roi à dr. ℞. ΒΑΣΙ-
  ΛΕΩΣ. ΑΝΤΙΟΧΟΥ. Apollon nu assis à g. sur l'omphalos. Tétradrachme arg. *B.*

54 **Antiochus IV.** Sa tête radiée à dr. ℞. Casque. Drachme
  arg. *Rare.*

55 **Phénicie. Aradus.** Buste tourelé de femme avec voile à
  dr. ℞. ΑΡΑΔΙΩΝ. Niké debout à g. tenant une palme ; le tout entouré de lauriers. Tétradrachme arg. *TB.*

56 — Abeille. ℞. ΑΡΑΔΙΩΝ. Cerf et dattier. Drachme
  arg. *B.*

57 **Sidon.** Char au pas à g. monté par un Roi. ℞. Galère
  sur les flots. Distatère arg.

58 **Bactriane. Oerki.** (Huvishka). Buste mitré du Roi à g.
  tenant un sceptre. ℞. ΜΡΟ. Le Soleil nimbé debout
  à g. Statère or. *TB.* (Voir pl. I).

59 — Le Roi à cheval à g. suivi d'un serviteur ; dessous
  un chien. ℞. Le bœuf Nandi, 2 oiseaux et personnage
  debout. Or. *TB* (Voir pl. I).

60 **Egypte. Alexandre Aegus**. Tête à dr. d'Alexandre le Grand, jeune, coiffé de la dépouille de lion. ℞. ΑΛΕΞ-ΑΝΔΡΟΥ. Athéna debout combattant à dr. Devant casque et aigle. Tétradrachme arg. *TB*.

61 **Ptolémée**. Tête diadémée à dr. ℞. ΠΤΟΛΕΜΑΙΟΥ. ΒΑ-ΣΙΛΕΩΣ. Aigle sur un foudre à g. Tétradrachme arg. *TB*.

61 *bis* — Tête de Jupiter à dr. ℞. Aigle debout sur un foudre. Bronze grand module. *B*.

62 **Zeugitanie. Carthage**. Tête de Déesse à g. avec épis dans les cheveux. ℞. Cheval debout à dr. Beau statère électrum. (Voir pl. I).

63 — Lot monnaies grecques, 8 pièces arg. et 3 pièces Cu.

64 — Lot Bronzes grecs; 100 pièces environ.

MONNAIES ROMAINES

Monnaies consulaires en argent

B. = Babelon. Monnaies de la République romaine.

65 **Anonyme**. Tête de Rome à dr. ℞. Les Dioscures à cheval. **ROMA** incus. B. 1. — Tête d'Apollon à dr. ℞. Jupiter dans un quadrige. B. 226, page 77. — **Aburia**. Tête de Rome à dr. ℞. Le soleil dans un quadrige. B. 6. Ens. 3 pièces. *B*.

66 **Aemilia**. Le Roi Arétas et un chameau. ℞. Jupiter dans un quadrige. B. 8. Tête voilée de la Concorde à dr. ℞ Margelle de puits Scribonien. B. 11. — **Appuleia**. Têt de Rome à g. ℞. Saturne en un quadrige. B. 1. Ens. 3 pièces. *TB*.

67 **Aemilia**. Tête de Rome à dr. ℞. Statue équestre. B. 7. Le Roi Arétas et un chameau. ℞. Jupiter dans un quadrige. B. 8. Ens. 2 pièces. *TB*.

68 — Tête de Rome à dr. ℞. Statue équestre. M. LEPIDVS. AN. XV... *B*. 22. *TB*.

69 **Aquilia**. Buste de la Valeur à dr. ℞. Aquillius relevant la Sicile. B. 2. — **Baebia**. Tête de Rome à g. ℞. Quadrige d'Apollon. B. 12. — **Caesia**. Buste d'Apollon à g. ℞. Les dieux Lares assis de face. B. 1. Ens. 3 pièces. *TB*.

70 **Calpurnia**. Tête d'Apollon à dr. ℞. Cavalier galopant à dr. B. 24. 2 variétés. — **Cassia**. Tête de Vesta à g. ℞. Citoyen Romain debout. B. 10. — **Carisia**. Tête de Sibylle à dr. ℞. Sphinx assis à dr. B. 10. Ens. 4 pièces. *B* et *TB*.

71 **Claudia**. Buste de Diane à dr. ℞. Victoire dans un bige. B. 5. — **Cordia**. Têtes des Dioscures. ℞ Vénus debout. B. 1. — **Crepusia**. Tête d'Apollon. ℞. Cavalier. B. 1. — **Domitia**. Tête de Rome. ℞. Jupiter dans un quadrige au pas. B. 7. Ens. 4 pièces. *B*.

72 **Egnatia**. Tête de la Liberté. ℞. La déesse Rome et Vénus debout. B. 2. — **Fabia**. Tête de Cybèle à dr. ℞. Victoire dans un bige. B. 15. **Herennia**. Tête de la Piété. ℞. Anapias portant son père. B. 1. — **Hosidia**. Buste de Diane à dr. ℞. Le sanglier de Calydon. B. 2. Ens. 4 pièces. *B*. et *TB*.

73 **Eppia**. Tête de l'Afrique. ℞. Hercule debout. B. 1. — **Farsuleia**. Tête de la Liberté. ℞. Bige. B. 2. — **Fonteia**. Buste de Mars. ℞. Cavalier et guerriers. B. 17. Ens. 3 pièces. *B*. et *TB*.

74 **Hostilia**. Tête de Pavor. ℞. Diane d'Ephèse. B. 4. — **Julia**. Eléphant à dr. ℞. Instruments de sacrifice. B. 9. — Tête de Vénus. ℞. Trophée et Captifs. B. 11. — **Junia**. Tête de Rome. ℞. Victoire dans un bige. B. 16. Ens. 4 pièces. *B*.

75 **Junia**. Tête de la Liberté à dr. ℞. Trophée. BRVTVS. IMP. B. 42. *TB*

76 **Julia**. Tête de Vénus. ℞. Trophée et captif. B. 11. — **Junia**. Tête de Rome. ℞. Victoire dans un bige. B. 15. — **Lucretia**. Tête de Rome. ℞. Les Dioscures. B. 1. Ens. 3 pièces. *TB*.

77 **Marcia**. Tête du Roi Ancus Marcius à dr. ℞. Statue équestre. B. 28. — **Naevia**. Tête de Vénus. ℞. Victoire dans un trige. B. 6. — **Porcia**. Tête de la Liberté. ℞. Victoire assise. B. 10. Ens. 3 pièces. *TB*.

78 **Postumia**. Buste de Diane. ℞. Chien courant. B. 9. — Tête de Mars à dr. ℞. 2 carnyx en sautoir. B. 11. — **Roscia**. Tête de Junon Lanuvienne. ℞. Jeune fille et dragon. B. 1. Ens. 3 pièces. *B*. et *TB*.

79 **Rutilia**. Tête de Rome. ℞. Victoire dans un bige. B. 1. — **Saufeia**. Tête de Rome. ℞. Victoire dans un bige.

B. 1. — **Scribonia**. Tête de Bonus Eventus. ℞. Margelle du puits Scribonien. B. 8. — **Volteia**. Tête de Corybas à dr. ℞. Cybèle dans un char de lions. B. 4. Ens. 4 pièces. *B. et TB.*

MONNAIES de L'EMPIRE ROMAIN

C. = Cohen. — Monnaies frappées sous l'Empire Romain (2ᵉ édition).

80 **Pompée**. M. POBLICI. LEG. PRO. PR. Tête de Pallas à dr. ℞. CN. MAGNVS. IMP. Pompée et une femme debout. C. 1. arg. *TB.*

81 **Jules César**. CAESAR. Éléphant marchant à dr. ℞. Simpule, aspersoir, hache et bonnet de flamine. C. 49. arg. *TB.*

82 **Auguste**. Sa tête nue et barbue à dr. ℞. Jules César dans un temple. C. 90. *Très belle pièce arg.* (Voir pl. I).

83 — CAESAR. AVGVSTVS. DIVI. F. PATER. PATRIAE. Sa tête laurée à dr. ℞. TI. CAESAR AVG. F. TR. POT. XV. Tibère dans un quadrige à dr. C. 299. Or. *TB.* (Voir pl. I).

84 — AVGVST. Sa tête nue à dr. ℞. P. CARISI. LEG. Victoire debout à dr. couronnant un trophée. C. 386. Très joli quinaire arg.

85 **Tibère**. TI CAESAR. DIVI. AVG. F. AVGVSTVS. Sa tête laurée à dr. ℞. PONTIF. MAXIM. Livie assise à dr. Or. C. 15. TB. (Voir pl. I).

86 **Caligula**. Sa tête laurée à g. ℞. Les trois sœurs de Caligula debout. GB. C. 4.

87 C. CAESAR. AVG. GERMANICVS. Sa tête nue à dr. ℞. IMPERATOR. PONT. AVG. TR. POT. Bâton d'augure et simpule. Arg. C. 12. — Tête nue à g. ℞. Vesta assise. MB. C. 27. Ens. 2 pièces, la première rare.

88 **Caligula et Auguste**. C. CAESAR. AVG. GERM. P. M. TR. POT Tête laurée de Caligula à dr. ℞. DIVVS. AVG. PATER. PATRIAE. Tête radiée d'Auguste à dr. Arg. C. 2. *TB. Rare.* (Voir pl. I).

89 **Claude**. TI. CLAVD. CAESAR. AVG. GERM. P. M. TR. P. Sa tête laurée à dr. ℞. CONSTANTIAE. AVGVSTI. La Constance assise à g. Or. C. 5. *TB.* (Voir pl. I).

90 — Sa tête laurée à dr. ℞. Lég. dans une couronne. GB. C. 38. ℞. Arc de triomphe surmonté d'une statue équestre GB. C. 48. Ens. 2 pièces. *B.* ..

91 — Sa tête nue à g. ℞. Pallas debout. MB. C. 84. — **Néron.** Sa tête laurée à dr. ℞. ADLOCVT. COH. L'Empereur debout sur une estrade haranguant trois soldats. GB. *Rare* C. 10. — Sa tête nue à g. ℞. Victoire volant MB. C. 337. Ens. 3 pièces. *B.*

92 — Sa tête laurée à g. ℞. Cérès assise à g. devant elle l'abondance debout. GB. C. 15. *B.*

93 — Sa tête laurée à dr. ℞. DECVRSIO. Néron à cheval suivi d'un cavalier. GB. C. 91. *B,*

94 **Galba.** Tête laurée à dr. ℞. DIVA. AVGVSTA. Livie debout. à g. arg. C. 55. *B.*

95 **Vitellius.** Sa tête laurée à dr. ℞. L'Équité debout. MB. C. 1. ℞. La Concorde assise à g. Arg. C. 18. Ens. 2 pièces. *B.*

96 **Vespasien.** Sa tête laurée à dr. ℞. L'Équité debout. C. 19. MB. Vespasien assis dans un quadrige d'éléphants. ℞. Lég. circ. C. 205. GB. Ens. 2 pièces. *B.*

97 — Sa tête laurée à dr. avec fort relief. ℞. CONCORDIA. AVGVSTI. La Concorde assise à g. arg. C. 74 = 10 fr. *TB. Rare.*

98 — IMP. CAES. VESP. AVG. CEN. Sa tête laurée à dr. ℞. VESTA Le temple de Vesta et statues Or. C. 578. *TB.* (Voir pl. I).

99 **Vespasien, Titus et Domitien.** IMP. VESPASIANVS. AVG. Tête laurée de Vespasien à dr. ℞. CAESAR. AVG. F. COS. CAESAR. AVG. F. PR. Tête nue de Titus et Domitien en regard. Arg. C. 5. *Rare, Beau* (Voir pl. II).

100 **Titus.** IMP. TITVS. CAES. VESPASIAN. AVG. P. M. Sa tête laurée à dr. ℞. TR. P. IX. IMP. XV COS. VIII. P. P. Ancre autour de laquelle est enlacé un dauphin. Or. C. 308. (Voir pl. II).

101 **Domitien.** Sa tête laurée à dr. ℞. Jupiter assis. IOVI. VICTORI. GB. C. 314. *TB.*

102 — Même avers. ℞. L'Espérance marchant à g. GB. C. 444. *TB.*

103 — IMP. CAES. DOMITIANVS. AVG. P. M. Sa tête laurée à dr.

℞. TR. POT. II. COS VIIII. DES. X. P. P. Pallas debout. Or. C. 603. *TB.* (Voir pl. II).

104 **Nerva.** Sa tête laurée à dr. ℞. FORTVNA. TR. La Fortune assise à g. GB. C. 80. *B.*

105 **Trajan.** Tête laurée à dr. ℞. La Paix debout à g. Arg. C. 81. ℞. Trophée et boucliers. Arg. C. 98. Ens. 2 pièces. *TB.*

106 **Adrien.** Buste lauré et drapé à dr. ℞. AEGYPTOS. L'Egypte couchée et un ibis. MB. C. 110. *TB.*

107 — Même avers. ℞. PIE. AVG. La Piété voilée debout sacrifiant. MB. C. 1022. *TB.* et jolie patine verte. (Voir pl. II).

108 — Sa tête laurée à dr. ℞. La Providence debout. GB. C. 1205. *TB.*

109 **Antonin.** Sa tête laurée à dr. ℞. CONCORDIAE. Antonin et Faustine Mère debout mains jointes, au-dessous Marc-Aurèle et Faustine Jeune, mains jointes et autel. C. 146 = 40 fr. *TB. Rare.* (Voir pl. II).

110 — Buste lauré et drapé à dr. ℞. L'Equité debout. C. 242. ℞. La Paix debout. C. 582. Ens. 2 pièces arg. *TB.*

111 — Tête nue à dr. ℞. La Colonne Antonine. GB. C. 354. *B.*

112 — Sa tête laurée à dr. ℞. La Félicité debout tenant un capricorne. GB. C. 363. Variété. *Très belle pièce.*

113 — Même avers. ℞. La Louve. IMPERATORI. MB. C. 448. *TB.*

114 — Même avers. ℞. Eléphant à dr. MVNIFICENTIA. AVG. MB. C. 565. *Beau.*

115 **Faustine Mère.** Buste à dr. ℞. L'Eternité debout. Arg. C. 26. ℞. Autel allumé. MB. C. 256. Ens. 2 pièces. *B.*

116 **Faustine Jeune.** Buste à dr. ℞. L'Allégresse debout. C. 111. ℞. Commode et Antonin enfants sur un trône. C. 190. Ens. 2 pièces arg. *B.* et *TB.*

117 **Lucille.** Buste à dr. ℞. PIETAS. La Piété debout sacrifiant. GB. C. 54. Jolie patine verte. *TB.*

118 **Commode.** Buste lauré et drapé à dr. ℞. Mars debout. Arg. C. 63. *TB.*

119 **Dide Julien.** IMP. CAES. M. DID. SEVER. IVLIAN. AVG. Sa tête laurée à dr. ℞. CONCORD. MILIT. La Concorde debout

tenant deux enseignes militaires. GB. C. 3. *Rare. Jolie patine. TB.* (Voir pl. II).

120 **Didia Clara**. DIDIA. CLARA. AVG. Son buste à dr. ℞. HILAR. TEMPOR. L'Allégresse debout tenant une palme. Arg. C. 3 = 300 fr. *Beau. Très rare.* (Voir pl. II).

121 — Variété en GB. C. 4. *Rare. B.* Beau portrait.

122 **Septime Sévère**. Buste lauré à dr. ℞. L'Afrique debout. Arg. C. 493. *B.*

123 **Septime Sévère et Julia Domna**. SEVERVS. PIVS. AVG. Sa tête laurée à dr. ℞. IVLIA. AVGVSTA. Buste de Julie à dr. Arg. C. 3 = 60 fr. *Rare. TB.* (Voir pl. II).

124 **Julia Domna**. Son buste à dr. ℞. CERES. Cérès assise à g. GB. C. 20. Patine verte. *B.*

125 — Même avers. ℞. La Piété debout. C. 150. ℞. Vénus assise. C. 211. Arg. Ens. 2 pièces. *TB.*

126 **Plautille**. Son buste à dr. ℞. L'Impératrice et un enfant. C. 16. **Géta**. Tête nue à dr. ℞. Minerve debout. C. 79. ℞. Le Prince debout et trophée. C. 157. Ens. 3 pièces arg. *B.* et *TB.*

127 **Macrin**. Son buste lauré et cuirassé à dr. ℞. FELICITAS. TEMPORVM. La Félicité debout tenant une corne d'abondance. C (?). *TB. Rare.*

128 **Elagabale**. Son buste lauré et drapé à dr. ℞. Le Soleil debout. P. M. TR. P. III. GB. C. 157. *B.*

129 — Tête laurée à dr. ℞. La Providence debout. C. 189. **Julia Paula**. Buste à dr. ℞. La Concorde assise. C. 6. Ens. 2 pièces arg. *TB.*

130 **Julia Maésa**. Son buste à dr. ℞. La Pudeur assise. C. 36. **Alexandre Sévère**. Buste lauré à dr. ℞. La Providence debout. C. 501. Ens. 2 pièces arg. *TB.*

131 **Orbiane**. SALL. BARBIA. ORBIANA. AVG. Son buste diadémé à dr. ℞. CONCORDIA. AVGG. La Concorde assise à g. Arg. C. 1. *Très belle pièce. Rare.* (Voir pl. II).

132 — Son buste à dr. ℞. La Concorde assise. CONCORDIA. AVGVSTORVM. GB. C. 4 = 40 fr. *TB. Rare.* (Voir pl. II).

133 **Pauline**. DIVA. PAVLINA. Son buste voilé à dr. ℞. CONSE-CRATIO. Paon enlevant l'Impératrice. Arg. C. 2 = 50 fr. *TB. Rare* (Voir pl. II).

134 **Maxime**. IVL. VERVS. MAXIMVS. CAES. Son buste nu et

drapé à dr. ℟. PIETAS. AVG. Instruments de piété. Arg. C. 1. *FDC*. (Voir pl. II).

135 — MAXIMVS. CAES. GERM. Buste à dr. ℟. Instruments de piété. Variété en MB. de C. 7. *TB*.

136 — Buste nu et drapé à dr. ℟. Le Prince debout. GB. C. 12. *B*.

137 **Balbin**. Buste lauré et drapé à dr. ℟. La Providence debout. GB. C. 24. *Beau*.

138 **Pupien**. Buste lauré et drapé à dr. ℟. Victoire debout de face. VICTORIA. AVGG. GB. C. 44. *B*.

139 **Otacilie**. Son buste à dr. ℟. La Pudeur assise. C. 53. *TB*

140 — Buste à dr. ℟. SAECVLARES. AVG. Hippopotame marchant à dr. GB. C. 65. *TB*. *Rare*. (Voir pl. II).

141 **Volusien**. Son buste lauré et drapé à dr. ℟. PAX. AVGG. La Paix debout. GB. C. 74. Patine verte. *TB*. (Voir pl. II).

142 **Mariniane**. DIVAE. MARINIANE. Son buste voilé à dr. avec le croissant. ℟. CONSECRATIO. Paon faisant la roue. Billon. C. 4. *FDC*.

143 **Vabalathe et Aurélien**. VABALATHVS. VCRIMOR. Buste lauré et drapé à dr. ℟. IMP. AVRELIANVS. AVG. Buste radié et cuirassé à dr. PB. C. 1 = 12 fr. *TB*.

144 **Magnia Urbica**. MAGNIA. VRBICA. AVG. Son buste à dr. ℟. VENVS VICTRIX. Vénus debout. PB. C. 18. *TB*. *Rare*.

145 **Dioclétien**. DIOCLETIANVS. AVG. Buste lauré à dr. ℟. VIRTVS. MILITVM. Quatre soldats sacrifiant à la porte d'un camp. Arg. C. 516. *FDC*. *Rare*.

146 **Carausius**. Buste radié à dr. ℟. PAX. AVGGG. (sic). La Paix debout. PB. C. 238 = 25 fr. *Rare*. *TB*.

147 **Allectus**. Buste radié et cuirassé à dr. ℟. La Providence debout. PB. C. 51. *Rare*. *TB*.

148 **Constance II** CONSTANTIVS. AVGVSTVS. Son buste diadémé à dr. ℟. VICTORIAE. DD. XX. AVGG. Deux victoires debout tenant une couronne avec inscription. VOTXX. MVLT. XXX. Exergue. TR. C. 280. Or. *Très belle pièce*. (Voir pl. II).

149 **Julien II**. Son buste à dr. ℟. Le bœuf Apis. GB. C. 38. *B*.

150 **Valentinien I**. DN. VALENTINIANVS. P. F. AVG. Son buste

diadémé à g. à mi corps, avec le manteau impérial tenant un globe et un sceptre. ℞. SALVS. REIP. L'Empereur debout tenant une victoire et mettant le pied sur
un captif. Exergue. SMTES. C. 32. Variété. Or. *Très
belle pièce. Rare*. (Voir pl. II).

151 — Son buste diadémé drapé à dr. ℞. VICTORIA. AVGG.
Valentinien et son fils assis de face soutenant un globe.
Exergue CON. C. 43. Or. *B*.

152 **Théodose**. D. N. THEODOSIVS. P. F. AVG. Son buste diadémé à dr. ℞. CONCORDIA. AVGGG I. Rome assise de face
tenant un bouclier avec inscription. VOT. X. MVLT. XV.
Exergue CONOB. C. 11. Or. *TB*. (Voir pl. II).

153 **Valentinien III**. DN. PLA. VALENTINIANVS. P. F. AVG. Son
buste diadémé à dr. ℞. VICTORIA. AVGGG. L'Empereur
debout tenant une croix, le pied sur le serpent à tête
humaine. Dans le champ, R. V. Exergue, COMOB. C.
19. Or. *TB.* (Voir pl. II).

154 **Médaillon contorniate**. Buste à mi-corps d'un écuyer
conduisant son cheval à dr. ℞. Le grand cirque, obé-
lisque, arcades, etc. C. n° 369. Beau médaillon bronze.
Rare. (Voir pl. II).

154 *bis*. — Lot de 17 monnaies romaines, arg. et Br.

MONNAIES BYZANTINES

S. = Sabatier. — Description générale des Monnaies Byzantines.

155 **Pulchérie**. AEL. PVLCHERIA. AVG. Buste diadémé de Pul-
chérie à dr., couronné par une main. ℞. VICTORIA.
AVGGGB. Victoire debout à g. tenant une croix. Ex. CO-
NOB. S. VI. 13 = 150 fr. Sou d'or. *TB*. (Voir pl. II).

156 — Triens or à son buste. ℞. Croix S. VI. 16.

157 **Léon Iᵉʳ**. DN. LEO. PERPET. AVG. Buste casqué de face de
Léon en costume militaire. ℞. VICTORIA. AVGGG. Victoire
marchant à g .et tenant une croix. Ex. 2 CONOB. S. VI.
22. Sou d'or. *TB*.

158 **Zénon**. Buste à dr. ℞. Victoire debout. S. VII 22. Triens
or. *B*.

159 **Anastase**. Buste à dr. ℞. Victoire passant à dr. Triens
or. *TB*.

160 **Justin Ier**. Buste à dr. ℞. Victoire passant à dr. Triens or. *B*.

161 **Justinien Ier**. DN. IVSTINIANVS. P. P. AVG. Son buste casqué de face. ℞. VICTORIA. AVGG. Victoire debout à g. tenant une croix. Ex. : CONOB. S. XII. 2. Variété. Sou d'or. *TB*.

162 **Maurice Tibère**. Buste à dr. ℞. Croix. Triens or, barbare. *TB*.

163 **Héraclius Ier**. Buste à dr. ℞. Croix. SXXVIII. 12. Triens or. *TB*.

164 **Léon III et Constantin V**. DN. LEON P. A. MVL. Son buste de face. ℞. DN. CONSTANTINVS. N. Son buste de face. S. XXXIX. 21. Triens or. *TB*. *Rare*.

165 **Théophile**. ΘEOFILOS. Buste de face. ℞. Même buste plus âgé. SXLIII. S. Demi sou d'or. *FDC*.

166 **Bénévent. Arichès II**. Triens d'or au type bysantin. Buste de face. ℞. Croix ; dans le champ A. *TB*.

167 **Romoald II**. Triens d'or, dans le champ. R. *TB*.

168 — Monnaies bysantines en bronze, 80 pièces environ.

MONNAIES FRANÇAISES

MONNAIES GAULOISES

L. = Henri de la Tour. — Atlas de Monnaies Gauloises.

169 **Massilia**. Tête de Vénus à dr. ℞. Lion à g. Drachme arg. 2 variétés. *B*.

170 — Tête d'Apollon à g. ℞. M. A. et roue Obole arg. 3 variétés. *B*.

171 **Curiosolitae**. Tête barbare à cheveux enroulés à dr. ℞. Cheval à tête humaine à g. dirigé par un aurige tenant un torques. Dessous sanglier. L. 6667, variété. Statère billon. *Très belle pièce*.

172 — Variété, croissant devant le cheval. Statère billon. *TB*.

173 — Variété, triskèle devant le cheval. Statère billon. *TB*.

174 — Variété ; le cheval à dr. ; dessous un personnage couché. Statère billon. L. 6720. *TB*.

175 **Senones**. Deux chèvres dressées et affrontées. ɞ. Loup et sanglier affrontés. L. 7458. Potin. *TB*.

176 **Bellovaci**. Tête chevelue à g. ɞ. Cheval à droite, dessus ⊕, dessous X. L. 7924. Potin. *TB*.

177 **Remi**. Œil de profil. ɞ. Cheval à g. devant, soleil entouré de la bride du cheval, dessous point en un double cercle, dessus ornement en forme de V. L. 8018 variété. Statère d'or. *TB. Rare*. (Voir pl. III).

178 **Morini**. Élévation globuleuse. ɞ. Cheval disloqué à dr., dessous croissant et globule. L. 8717, variété. Statère d'or. *TB*. (Voir pl. III).

178 *bis* — Monnaies celtibériennes en bronze, 40 pièces environ.

MONNAIES CAPETIENNES

H. = Hoffmann. — Monnaies Royales de France, de Hugues Capet jusqu'à Louis XVI.

179 **Hugues Capet**. HERVEVS. HVGO. REX. Croix cantonnée de 2 points. ɞ. BELVACVS, CIVITAS. Monogramme. CROLS.. Denier de **Beauvais**. H. 9. *TB*.

180 **Philippe I** DE DEXTRABE. Portail. ɞ. AVRELIANIS CIVITAS. Croix. Denier d'**Orléans**. H. 7. *TB*.

181 **Louis VI**. Denier de Pontoise. H. 6. Denier d'**Orléans**. H. 8. Ens. 2 pièces. *TB*.

182 — Denier de **Nevers**. H. 22 et variété intéressante. La croix cantonnée d'une croisette H (?). Ens. 2 pièces. *TB*.

183 **Louis VII**. Denier de **Paris**. H. 1. Denier de Mantes. H. 3. Denier de **Bourges** à la tête du Roi. H. 4. Ens. 3 pièces. *TB*.

184 **Louis IX**. St Louis, LVDOVICVS. REX. ɞ. TVRONVS. CIVIS. Chatel. Gros tournois à l'étoile. H. 9. *TB*.

185 — Variété sans l'étoile. H. 10. Denier tournois. H. 13. Ens. 2 pièces. *TB*.

186 **Philippe III**. Gros tournois à l'O long et au chatel surmonté d'une fleur de lis. H. 4 = 10 fr. *TB*.

187 — Gros tournois à l'O rond, le chatel surmonté d'une croix. H. 5. *FDC*.

188 **Philippe IV**. PHILIPPVS. DEI. GRA. FRANCHORVM. REX. Le Roi assis de face tenant un sceptre et une fleur de lis. ℞. XPC. VINCIT. XPC. REGNAT... Croix feuillue. Masse d'or. H. 4. *Très belle pièce. Rare.* (Voir pl. III).

189 — Gros tournois, l'X de REX cantonnée de points. H. 5. *B.*

190 — Gros tournois sans les points. H. 6 et maille tierce. H. 7. à l'O rond. Ens. 2 pièces. *TB.*

191 — Gros tournois H. 8 et maille blanche. H. 9 à l'O long ; gros tournois H. 16. Ens. 3 pièces. *TB.*

192 **Philippe V**. Gros tournois avec les maillets dans les les légendes. H. 2 = 10 fr. *TB.*

193 — Variété : lettre P en place des maillets. *TB.*

194 **Charles IV**. KOL. REX. FRACOR. Le Roi debout sous un dais gothique. ℞. XPC. VINCIT. Croix feuillue. Royal d'or. H. 2. *TB.* (Voir pl. III).

195 **Philippe VI**. PHILIPPVS. DEI. GRA. FRANCORVM. REX. Le Roi tenant une épée et un écu aux fleurs de lis, assis sur un siège gothique. ℞. XPC. VINCIT... Croix feuillue dans une rosace cantonnée de quatre trèfles. Ecu d'or. H. 3. *TB.*

196 — PH. DEI. GRA. FRANC. REX. Le Roi assis tenant 2 sceptres, les pieds appuyés sur un lion couché. ℞. XPC. VINCIT. Croix feuillue et terminée par des fleurs de lis dans une rosace cantonnée de quatre couronnes. Lion d'or. H. 6. *TB. Rare* (Voir pl. III).

197 — Gros tournois à l'étoile. H. 20. *TB. Rare.*

198 — Gros à la couronne. H. 25. *TB.*

199 **Jean II le Bon**. AGN. DEI. QVI. TOLL. PECA. MVDI. MISERERE NOB. Agneau pascal nimbé au dessous. IOH. REX. ℞. XPC. VINCIT. Croix cantonnée de quatre fleurs de lis. Mouton d'or. H. 3. *TB.*

200 — IOHANNES. DEI. GRACIA. FRANCORV. REX. Le Roi à cheval tenant une épée. ℞. XPC. VINCIT. Croix feuillue. Franc à cheval en or. H. 10. *TB.*

201 **Charles V** Dauphin. S. IOHANNES. B. St Jean-Baptiste debout. ℞. KROL. DPHS. V. Fleur de lis. Florin d'or. *TB.*

202 **Charles V**. KAROLVS. DI. GR. FRANCORV. REX. Le Roi debout tenant une épée sur champ fleurdelisé. ℞. XPC.

VINCIT. Croix feuillue cantonnée de 2 lis et 2 couronnelles. Franc à pied en or. H. 2. *TB.*

203 **Charles VI**. KAROLVS. DEI. GRACIA. FRANCORVM. REX.
Ecu de France. ℞. XPC. VINCIT. Croix arquée et fleurde-
lisée cantonnée de quatre couronnelles. Ecu d'or. H. 1.
TB.

204 — Gros tournois. Les mots GROSVS: TVRONVS entourés
de 11 lis et une croisette. H. 11. *Très belle pièce.*

205 — Variété, entourage de 12 lis, sans croisette. H. 14.
Très belle pièce.

206 — Gros dit florette. H. 17; Blanc dit guénar. H. 22
et demi blanc. H. 26. Ens. 3 pièces. *TB.*

207 **Henri VI**. HENRICVS. DEI. GRA. FRANCORV. Z. AGLIE. REX.
Ecus accostés de France et d'Angleterre. Au-dessus la
Vierge et l'ange Gabriel. ℞. Croix dans une rosace.
XPC. VINCIT. Salut d'or. H. 3. **Rouen.** *FDC.*

208 **Charles VII**. Grand blanc. H. 36 et grand blanc aux 3
fleurs de lis. H. 39. Ens. 2 pièces. *TB.*

209 **Louis XII**. LVDOVICVS. DEI. GRACIA FRANCORVM. REX.
Ecu de France timbré d'un soleil. ℞. XPS. VINCIT. Croix
fleurdelisée. Ecu d'or au soleil. H. 1. *TB.*

210 — Variété; l'écu de France accosté de 2 porcs-épics. ℞.
XPS. VINCIT... Croix tréflée cantonnée de 2 L et 2 porcs
épics. **Paris.** Ecu d'or aux porcs épics. H. 6. *Très belle
pièce.*

211 — LVDOVICVS. DEI. GRACIA. FRANCORVM. REX. Champ
écartelé France Dauphiné. ℞. XPS. VINCIT. Croix fleurdelisée. Ecu d'or du **Dauphiné**; manque à Hoffmann.
TB. Rare. (Voir pl. III).

212 **François I**er. Testons et demi teston arg. à son buste à
dr. coiffé du chapeau couronné. H. 59; H. 62; douzain
à la croisette. Ens. 4 pièces.

213 — Douzain de **Marseille**. M. entre 2 globules. FRANCIS-
CVS. FRANCO. REX. Ecu de France entre 3 couronnelles.
Exergue: Armes de Marseille. ℞. M entre 2 globules.
SIT. NOMEN. Croix cantonnée de 2 lis et 2 couronnes.
Très rare. B.

214 **Henri II**. Teston frappé au moulin de **Paris**, 1554, à son
buste lauré et cuirassé à dr. ℞. CHRS. VINCIT. Ecu de
France. H. 57 = 20 fr. *Beau.* (Voir pl. III)

215 — Variété à sa tête laurée à dr. Paris, 1553. H. 40.
B.

216 — Teston frappé au marteau à **Bordeaux** 1559 à son
buste tête nue, avec cuirasse très ornée à dr. ℞. XPS.
VISCIT... Ecu de France entre 2 H couronnées. H. 62
Variété. Portait remarquablement beau.

217 — DENIER. TOURNOIS. 2 fleurs de lis. ℞. POVR EPOVSER.
Croix fleurdelisée. Arg. *TB*.

218 **Henri III**. HENRICVS. III. D. G. FRAN. ET. POL. REX. Ecu
de France. ℞. CHRISTVS. REGNAT. Quatre arcs dispo-
sés en croix fleurdelisée **Tours**. 1587. Ecu d'or. H. 4.
TB.

219 — Gros de Nesle du Dauphiné. **Grenoble**, 1580. H.
39 = 10 fr. *TB*.

220 **Charles X**. Roi de la Ligue. CAROLVS X. DG. FRANCOR.
REX. 1591. Ecu de France couronné. ℞. CHRISTVS. REG-
NAT. Croix fleuronnée et fleurdelisée. Ecu d'or. **Paris**.
H. 1. *Beau*.

221 **Henri IV**. HENRICVS. IIII. D. G. FRAN. ET NA. REX. 1598. ℞
Ecu de France couronné ℞. CHRISTVS. REGNAT... Croix
fleurdelisée **St- Lô**. Ecu d'or. H. 5. Variété. *Beau et
rare*. (Voir pl. III).

222 — Demi franc arg., à sa tête quart d'écu arg; double
et denier tournois. Cu. Ens. 10 pièces.

223 **Louis XIII**. Demi franc arg. à son buste lauré à dr.
avec cuirasse et col plat. ℞. L au centre d'une croix
feuillue. **Toulouse** 1638. H. 72. *Beau*.

224 — Quart de franc arg. même type. **Toulouse**, 1640.
H. 73. *Beau*.

225 — 15 deniers arg. LVD. XIII. D. G. FRAN. ET. NAVA. REX.
Ecu de France couronné entre 2 L. ℞. SIT. NOMEN...
Croix échancrée cantonnée de 2 lis et 2 couronnes. **Pa-
ris**. 1625. H. 115. *FDC. Rare*. (Voir pl. III).

226 — 30 sols H 88, 15 sols H. 89, 5 sols H. 100. Ens.
3 pièces arg. TB + 3 doubles tournois. Cu.

227 **Louis XIV**. Douzième de l'écu au buste juvénile. **Rouen**
1659. H. 105. *FDC*.

228 — Deux sols arg. à son buste. ℞. Deux lis sous une
couronne. Paris 1674. H. 107. *TB*.

229 — Demi écu arg., dit du Parlement. Buste cuirassé, avec perruque et cravate à dr. ℞. SIT. NOMEN... Écu de France couronné. **Paris**, 1681. H. 114. *Très belle pièce.*

230 — Double sol billon pour **Perpignan**. PERPINIANI. VILLE. Armes couronnées, contremarquées d'une main tenant la tête du saint. ℞. INTERNATOS. Fleur de lis. MVL-LIERVM. St Jean-Baptiste debout. H. 256. *TB.* (Voir pl. III).

231 — Trente sols arg. pour **Strasbourg**. MONETA. NOVA.- ARGENTINENSIS. Grande fleur de lis. ℞. GLORIA IN EXCEL-SIS.. DEO. XXX. SOLS. 1684. H. 275. *Très belle pièce.*

232 — Trente trois sols arg. pour **Strasbourg**. SIT. NOMEN Écu rond aux 3 fleurs de lis 1707. ℞. MONETA. NOVA. AR-GENTINENSIS. Main de Justice et glaive sous la couronne. H. 286. *TB.*

233 **Siège de Landau**. Obsidionale arg. de 2 livres 2 sols. Armes du Gouverneur pour la France. M. de Mélac. dessous, poinçon 2 LIVRE. 2 S. LANDAU. 1702 ; entourage de 7 lis et d'une couronne. Fragment uniface de vaisselle d'argent monnayée pendant le siège de la ville. Très belle pièce, *très rare.* (Voir pl. III).

234 — Siège de **Lille**, xx sols; x sols, v sols. Aux armes du maréchal de Boufflers, 1708. Ens. 3 pièces Cu. *TB.*

235 **Louis XV**. Buste habillé à g. ℞. CHRS. REGN... 1734 Écus France. Navarre ovales sous la couronne royale. **Dijon**. Louis d'or aux lunettes. H. 16. *TB.*

236 — Tête au bandeau à g. ℞. CHRS. REGN. 1744. Écus France Navarre ovales sous la couronne royale. **Rouen**. Double louis d'or au bandeau. H. 18. *Très belle pièce.*

237 — Buste lauré et drapé à dr. ℞. SIT. NOMEN. etc. Croix formée de 4 fleurs de lis. Autour 4 doubles L. et 4 couronnes. **Paris**, 1725. Demi écu aux 8 L. H. 46. presque *FDC.*

238 — Écu au bandeau, division etc. Ens. 4 pièces arg. et 6 pièces billon et cuivre. *B.*

239 **Louis XVI**. Buste jeune habillé à g. ℞. CHRS. REGN. Écus France Navarre ovales sous la couronne royale, 1778. **Lille**. Double louis d'or. H. 2. *TB.*

240 — Buste nu à g. ℞. CHRS. REGN. Écus France, Navarre carrés, sous la couronne royale, 1786. **Lille**. Louis d'or H. 6. *TB.*

241 — Grand écu dit de Calonne. Buste nu lauré à g. par Droz. ℞. Trois lis entre 2 L enlacées, sous la couronne royale. Paris 1786. Frappe postérieure. H. 37. *FDC.*

242 — Écu aux lauriers. H. 11 et divisions. Ens. 3 pièces arg. *TB.* et 10 monnaies. Cu.

243 **Révolution.** MÉTAL. DE. CLCHE. 1791. Épée surmontée du bonnet phrygien entre l'écu royal de France et un écu au faisceau de licteur... ℞. LA. NATION. LA. LOI. LE. ROI. Essai métal de cloche. Hennin 288. *TB.* (Voir pl. III).

244 — MÉTAL. DE. CLOCHE. DIXAIN. ℞. Couronne 1791. Métal de cloche grand module. Hennin 336. *TB.*

245 — Variété métal de cloche petit module. Hennin 337. *TB. Rare.*

246 — HONORÉ. RIQVETTTI. MIRABEAV. Son buste lauré à g. ℞. PVRE. MATIÈRE. DE. CLOCHE. FRAPPÉE. PAR. MERCIER... A LYON. MDCC XCII. Essai métal de cloche. Hennin 365. Petit trou. *TB. Rare.* (Voir pl. III.)

247 — Même avers. ℞. METAL. DE. CLOCHE. FRAPPÉ. L'AN 1er DE LA RÉPVBLIQVE... LYON. Essai métal de cloche.. Hennin 405. TB.

248 — Lion à g. tenant un écusson LA LOI. ℞. PVRE. MATIÈRE DE. CLOCHE. FRAPÉE. PAR. MERCIE. ET. MOVTERDK. LYON. Essai métal de cloche. Hennin 400. *Beau.*

249 **Eichstadt.** Joseph Évêque d'. Grand écu de contribution à son buste. ℞. Ses armes. H. 773. *TB.*

250 — Petit écu, même type. H. 774. *TB.*

251 **Malte. Ferdinand de Hompesch.** Grand écu de 30 tari 1798, à son buste à g. ℞. Armes sur l'aigle à 2 têtes. *Très belle pièce.*

252 — Petit écu de 15 tari 1798 au même type. *Très belle pièce rare.*

(Hompesch dernier Grand Maître rendit Malte à Bonaparte).

253 **Bonaparte 1er Consul.** 5 francs. an XI. **Paris.** *TB.*

254 — 5 francs petit module an 12 **Paris** *TB.*

255 — 5 francs grand module an 12. M et une vache. *B...*

256 — 1 franc an 12. **Paris.** *TB.*

257 — **Napoléon Empereur.** 5 francs an 13 Paris à sa grosse

tête nue signée Tiolier sur le cou. — Pièce formant boîte ouvrant à vis. *TB.*

258 — Franc, demi franc, quart de franc. Ens. 6 variétés. TB. 10 centimes billon. Ens. 7 pièces.

259 — Franc argent frappé à **Utrecht** 1813 à la tête laurée de Napoléon 1ᵉʳ. *FDC. Rare.*

260 — Demi franc frappé à **Utrecht**, 1813 même type. *FDC.*

261 — 40 francs 1814. En carton doré à la tête laurée de Napoléon 1ᵉʳ. *TB.*

262 — 5 francs **Lille**, 1806 en carton argenté, même type. *TB.*

263 — 5 francs. Paris 1811 même type varié. arg .*TB.*

264 — 1 franc 1814, en carton argenté, même type. *TB.*

265 — 5 francs arg. **Lille**, 1811, à la tête laurée de Napoléon ; l'œil crevé, avec contremarque des **Vendéens**. Une tête de chat. *TB.* (Voir pl. III).

266 — 5 lire Milan 1811 à la tête nue de l'Empereur, ṛ. Les armes du royaume d'Italie émaillées en couleur.

267 **Occupation de Hambourg**, par Davoust. 32 schillinge arg. 1809 aux armes de la ville signées. C. A. I. G. *Très belle pièce.*

268 **Joseph Napoléon**. Roi d'Espagne. 20 réaux à son buste ṛ. Ses armes 1809. *TB.*

269 — 10 réaux, même type 1812. *B.*

270 — **Napoléon II**. 10 centimes et divisions. Ens. 6 essais Cu datés 1816. *TB.*

271 **Bernadotte**. (Charles XIV. Roi de Suède). Ducat d'or, 1838 à son buste nu à dr. ṛ. Armes de Suède sur manteau. *FDC.* (Voir pl. III).

272 — Dollar arg de la Banque d'Angleterre 1804, surfrappé au buste couronné de Bernadotte à dr. ṛ. Légende suédoise en 4 lignes en une couronne. FOLKETS.... *B.*

273 — Grand écu du Jubilé de la Réforme 1821. Buste drapé de Bernadotte à dr. ṛ. Bustes en 3 médaillons de Gustave I, Gustave II et Frédéric I, rois de Suède. *TB.*

274 — Grand écu pour la Suède 1824 au buste nu de Bernadotte à dr. ṛ. Armes de Suède. *FDC.*

275 — Grand écu pour la Norvège 825 au buste nu de Bernadotte à dr. ℞. Armes de Norvège. *FDC.*

276 **Les Alliés à Paris**. Ange de Paix, 1814, module de 5 francs. Cu, tranche lisse au chiffre d'Alexandre 1ᵉʳ de Russie. *TB.*

277 **Louis XVIII**. Essai de 5 francs 1815 à son buste à g. par Brenet. Plomb. *TB.*

278 — Essai de 5 francs 1815 à son buste à g. par Gateaux.. Plomb. *TB.*

279 **Henri V**. Franc, 1831 ; 1/2 franc 1833 ; 1/4 franc 1833. Ens. 3 p. arg. *TB.*

280 **Louis Philippe**. 5 francs tête nue à dr. par Tiolier. Paris 1830. *TB.*

281 — 5 francs tête laurée par Domard. Pièce incuse.

282 — Essais à la charte, décime, cinq cent, etc. ens. 5 pièces. Cu. *TB.*

283 — Essai module de 5 francs 1846. D. VILHORN. IN. GREVENBROICH... ℞. MECHANISSCHE. WERKSTATTE... Tranche en relief : DIEV PROTÈGE LA PATRIE. 1846 et Variété tranche en relief : SVVM CVIQVE, sans date. Ens. 2 pièces Cu. *TB.*

284 **Napoléon III**. LOVIS. NAPOLÉON. BONAPARTE. Sa tête nue à g. 1852. ℞. RÉPVBLIQVE FRANÇAISE. DIX CENTIMES. Aigle éployé, dessous E. Essai cuivre, *FDC. Rare.* (Voir pl. IV).

285 — BALANCIERS. DES. ILES. PHILIPPINES. ESSAI. PARIS. 1859. ℞. ISABELLE. II. REINE. D'ESPAGNE. 80 REAVX. Essai Bronze doré. *TB. Rare.*

286 — NAPOLÉON. III. EMPEREVR. Sa tête nue à g. par Barre 1856. ℞. ZINC. CVIVRE. NICKEL. ESSAI. Aigle éployé. *TB. Rare.* (Voir pl. IV).

286 *bis* — Centime piéfort cu. jaune. **Rouen** 1857. *TB.*

287 — FONDERIES. ET. LAMINOIRS. DE BLACHE. ST. VAAST. Tête de Cérès à dr. par Barre. ℞. OESCHER. MESDACH. ET. CIE. ESSAI. 1867. Cu. *FDC.* (Voir pl. IV).

288 — Essai argent du double thaler pour la Confédération Germanique. NAPOLEON III. KAISER. DER. FRANZOSEN. Sa tête nue à g. par Korn. ℞. GOTT. SCHVTZE. KAISER. VND. REICH. Couronne de chêne. Exergue. IN MAINZ. Tranche lisse. *Très rare. FDC.* (Voir pl. IV).

289 — Essai argent module de 5 francs. NEAPOLIO. III. IMPE-
RATOR. Sa tête laurée à g. ℞. FINIS. GERMANIAE 1870 en
une couronne ; tranche cannelée. *FDC. Rare.* (Voir
pl. III).

290 **Défense Nationale**. 10 centimes Cu au ballon, 1870. *TB.*

291 **La Commune**. 5 francs argent **Paris**. 1871. Type à
l'Hercule de Dupré, différent un trident. *FDC.*

292 **République**. ALLIAGE. MONÉTAIRE. 1877. Essai de 10 (centimes) de la Société Française de Métallurgie du Nickel.
Nickel. *TB.*

293 — Essai de 20 centimes 1881. Buste de République à
g. par Dupré. ℞. Valeur en une couronne. Exergue :
ESSAI (Nickel à 12 pans. *FDC. Rare.* (Voir pl. IV).

294 — Essai de 10 centimes 1881 ; même type. Nickel rond.
TB. Rare. (Voir pl. IV).

295 — Essai de 25 centimes 1881. Tête de Cérès à dr. signée. L. MERLEY. ℞. Valeur en une couronne. Exergue
ESSAI. Nickel rond *FDC. Rare.* (Voir pl. IV).

296 — Essai de 20 centimes 1881 ; même type. Nickel rond
FDC.

297 — Essai de 10 centimes 1881 ; même type. Nickel rond.
FDC.

298 — Essai de 5 centimes 1881 ; même type. Nickel rond.
FDC.

299 — Essai de 20 centimes 1887. Tête de Cérès à dr., entre
un faisceau et une branche. Signée L. MERLEY. ℞. Valeur
en un cercle. Exergue ESSAI. Nickel à pans. *FDC. Rare.*
(Voir pl. IV).

300 — Essai de 10 centimes 1887 ; même type. Nickel à
pans. *FDC. Rare.*

301 — Essai de 20 centimes 1887 ; le faisceau et la branche
supprimés ; signature modifiée. L. M. Nickel à pans.
FDC. Rare. (Voir pl. IV).

302 — Essai de 10 centimes 1887 ; à ce dernier type. Nickel
à pans. *FDC. Rare.*

303 — Essai de 5 centimes 1887 à ce même type. Nickel à
à pans. *FDC. Rare.*

304 — Essai de 25 centimes 1908. Buste de République à
g. A. PATEY. ℞. Valeur ; dessous ESSAI. Faisceau et bran-

che de chêne. Cuivre à pans arrondis. *FDC. Rare.*
(Voir pl. IV).

305 — Essai de 10 centimes 1908. Buste de République à
dr., signé : D. DUPUIS. ₧. La France casquée assise et
un enfant. Le mot ESSAI en relief. Aluminium. *FDC.
Rare.*

306 — Essai de 5 centimes 1908 ; même type. Aluminium.
FDC. Rare.

307 — Essai de 2 centimes 1908. Même avers. ₧. Valeur,
dessous ESSAI en relief. Aluminium, flan épais. *FDC.
Rare.*

308 — Essai de 25 centimes 1909. Buste de République de
3/4 à g. en un creux. ₧. Valeur en un creux ; dessus le
mot ESSAI en relief. Aluminium. *FDC. Rare.* (Voir
pl. IV).

309 — Essai de 10 centimes 1909. Même type. Aluminium.
FDC.

310 — Essai de 5 centimes 1909. Même type. Aluminium.
FDC.

311 — Essai de 5 centimes 1910. Tête de République à dr.
signée D. DUPUIS. ₧. La France casquée assise à g. et
un enfant. Le mot ESSAI en relief. Bronze d'aluminium.
FDC. Rare.

312 — Essai de 10 centimes 1911 ; même type, mais avec
un trou central obtenu à la frappe. Bronze d'aluminium. *FDC. Rare.* (Voir pl. IV).

313 — Essai de 5 centimes par D. Dupuis sans date ; sans
l'indication de valeur et la tête de République à gauche.
Bronze. *FDC. Rare.* (Voir pl. IV).

314 — Essai de 25 centimes sans date. Déesse assise ap-
puyée sur un faisceau et tenant une épée et une palme.
₧. Etoile rayonnante, enclume, épis. Trou central.
Bronze argenté. *FDC. Rare.* (Voir pl. IV).

315 **Colonies. Guinée Française.** Lionne à g. KAHEL. ₧. FOU-
TAH. DJALON. 1879. Piastre arg. d'Olivier de Sanderval.
FDC.

316 **Madagascar.** RANAVALOMANJAKA. MPANJAKA. NY. MADAGAS-
CAR. Couronne. ₧. 5 FRANCS. 1883. Essai en bronze.
FDC.

317 — Même essai en aluminium. *FDC.*

318 **Martinique.** Piastre arg. de 1799, au buste de Charles IIII d'Espagne, contremarquée C. P. sous la couronne royale. (Voir Zay, page 200).

319 — Demi-piastre de 1795, même type, *Rare.*

320 **Canal de Suez.** Ch. et A. Bazin. Bon pour 5 francs, 1865 au navire. Cu. *TB.*

MONNAIES FEODALES

P. = Poey d'Avant. — Monnaies féodales de France.

321 **Aquitaine. Le Prince Noir.** ED. PO. GNS. REG. ANGL. PRES. A. Le Prince debout sous un dais, les pieds sur 2 lions 2 plumes dans le champ. ℞. INS. AIUTO. PTECIO. ME... Croix cantonnée de 2 lis et 2 léopards. **Bordeaux.** Pavillon d'or. P. 2933. *TB. Rare.* (Voir pl. IV).

322 **Provence. Jeanne de Naples.** IOAN. REG. PRO. FOLC. IHR. E. SICL. Roi debout tenant le sceptre et l'épée sur champ fleurdelisé. ℞. XPC. VINCIT... Croix fleuronnée cantonnée de 2 lis et 2 couronnes. P. 4011. Franc à pied en or. *TB.*

323 **Ligny. Guy de Luxembourg.** GUIDO. DE. LUCEMBOURG. COS. D. LINI. Le Comte debout tenant un sceptre et une épée, sur champ fleurdelisé. ℞. XPC. VINCIT... Croix fleuronnée cantonnée de 2 lis et 2 couronnes. P. 6892. Franc à pied en or. *Beau. Rare.* (Voir pl. IV).

324 **Nice. Emmanuel Philibert.** EM. FILIB. D. G. DUX. SAB. C. NICIE. Ecu couronné. ℞. IN. TE. DOMINE. CONFIDO. 1564. Croix cantonnée de F. E. R. T. Ecu d'or. *B. Rare.*

MONNAIES ETRANGÈRES

325 **Fiandre. Philippe le Bon.** PHS. DEI. GRA. DVX. BVRG. COM. FLAND. Lion assis à g. en un édifice gothique entre 2 briquets. ℞. SIT. NOMEN... Armes Bourgogne-Flandre sur une croix fleuronnée. Lion d'or. *Très belle pièce.* (Voir pl. IV).

326 **Hainaut. Philippe le Bon.** Même type que le précédent, mais légende. COMES. HANOIE. Lion d'or. *Très belle pièce.*

327 **Hongrie. Louis Ier d'Anjou**. LODOVICI. REX. Fleur de lis. ℞. S. IOHANNES. B. St Jean-Baptiste debout. Florin d'or. *TB*.

328 — LODOVICVS. DEI. GRACIA. REX. Ses armes. ℞. Le précédent. Florin d'or. *TB*.

329 — LODOVICI. D. G. R. VNGARIE. Ses armes. ℞. SANTVS. LADISLAVS. R. Le Saint couronné debout sur champ fleurdelisé, tenant une hache. Ducat d'or. TB.

330 **Marie d'Anjou**. MARIE. DEI. G. R. VNGARIE. Ses armes. ℞. S. LADISLAVS. RE. Le Saint couronné debout tenant une hache et un globe entre 2 fleurs de lis. Ducat d'or. *TB*. (Voir pl. IV).

331 **Sigismond de Luxembourg**. SIGISMVNDI. D. G. R. VNGARIE. Ses armes. ℞. S. LADISLAVS. REX. Le Saint debout entre 2 K. Ducat d'or. *FDC*.

332 **Ladislas V**. LADISLAVS. D. G. R. VNGARIE. Ses armes. ℞. S. LADISLAVS. REX. Le Saint debout entre K et P. Ducat d'or. *TB*.

333 **Mathias Corvin**. MATHIAS. D. G. R. VNGARIE. La Vierge à l'enfant à g. ℞. S. LADISLAVS. REX. Le Saint debout entre N et un écusson. Ducat d'or. *TB*.

334 **Jean Ier**. IOHANNES. D. G. R. HVNGARIE. La Vierge à l'enfant de face. ℞. S. LADISLAVS. REX. 1540. Ducat d'or. *TB*.

335 **Rodolphe II**. RVDOL. II. D. G. R. I. S. A. G. HV. BO. R. L'Empereur cuirassé debout à dr. entre 2 écus. ℞. AR-CHID. AVS. DVX. BVR. MA. MO. 1594. L'Aigle à 2 têtes. Ducat d'or. *TB*.

336 **Saxe. Jean-Ernest et ses 7 frères**. Ducat d'or (goldgulden) de 1614, aux 4 bustes à l'avers et 4 autres au revers. *FDC*. (Voir pl. IV).

337 **Suède. Gustave-Adolphe**. 3 obsidionales 2. 1 et 1/2 or. Cu. flan carré.

338 **Charles XII**. 10 obsidionales variées (daler). Cu.

339 **Frédéric Ier** Daler cu. 1745. très grand flan 145^m × 125^m; plaque de cuivre timbré de 5 écussons. *B*.

340 — Monnaies des Indes, 100 p. cu. environ.

341 — Sultanat de Koniek (Iconium). 35 pièces cu. environ

MEDAILLES

342 — HEN. BORBO. COND. PRIM. REG. SANG. PRINC. BVRGVND.
ET BITVR. PROREX. Buste à g. de Henri de Bourbon-
Condé ; gouverneur de **Bourgogne** et du **Berry**, par Pa-
pillon. ℟. ARTE. ET MARTE. Hercule debout. Exergue :
CABILLO. D. D. MDCXXXII. Br. 62ᵐ/ᵐ. *TB. Rare.*

343 **Louis XIII.** Son buste à dr. ℟. ORTVS. SOLIS. GALLICI...
MDCXXXVIII. Le dauphin nouveau-né en un quadrige
couronné par la Victoire ; autour les signes du zodia-
que (naissance de Louis XIV). Br. 70ᵐ/ᵐ. *TB.*

344 — VENATIONEM. EIVS. BENEDICAM. REG. L. XIII. Grande L.
couronnée entre 2 arbres, dessous gibier, sanglier, cerf,
etc. (**Chasse du Roi**). Cliché étain uniface. 38ᵐ/ᵐ sans
date. *TB. Rare.*

345 **Duc de Longueville.** H. AVRELIVS. B. LONGAVILLAEVS. C.
DVX. S. P. NO. Buste cuirassé à dr. ℟. BELLI. PACISQVE.
MINISTER. 1645 entre 2 palmes. Br. 53ᵐ/ᵐ. *Très bel ori-
ginal. Rare.* (Voir pl. V).

346 **Cromwell.** Son buste cuirassé et lauré à g. ℟. RETIRE.
TOY. L'HONNEUR. APPARTIET (sic) AU ROY. MON. MAISTER
(sic) LOVIS. LE. GRAND. L'Angleterre assise, Cromwell à
genoux, les chausses bas, et 2 ambassadeurs. Médaille
satirique, sans date = 1655. Br. 48ᵐ/ᵐ. Van Loon II p.
395. *TB. Rare.* (Voir pl. V).

347 **Christine de Suède.** REGINA. CHRISTINA. Joli buste lauré
à dr. ℟. ML. NIHIL. IN. TERRIS. Oiseau de Paradis volant.
Br. 61ᵐ/ᵐ sans date. *TB.*

348 **Christophe de Lévis,** Duc de Dampville, vice-roi d'**Amé-
rique.** Son buste cuirassé à dr. par Hardy, 1658. ℟. EX.
TE. ENIM. EXIET. DVX. QVI. REGAT. POPVLVM. MEVM. Écu
couronné, posé sur le manteau de Pair aux armes de
Lévis ; Thoire Villars, Anduse, Layre et Montmorency.
Br. 50ᵐ/ᵐ. *TB. Rare.* (Voir pl. V).

349 **Cardinal Mazarin.** Son buste en camail à dr. ℟. ET.
XVTVM. FATA. SEQVVNTVR. 1660. Œil sur la campagne.
Br. 51ᵐ/ᵐ. *TB.*

350 **Louis XIV.** Buste cuirassé et drapé avec perruque à dr.
℟. CIVITATES. TORNACENCIS. ET. CVRTRACENCIS. MDCLXVII.
Les villes de **Tournai** et **Courtrai** à genoux remettant

leurs clés à Louis XIV debout couronné par la Victoire. Br. 88$^{m}/_{m}$. *TB.*

351 **Charles d'Ailly. Duc de Chaunes.** PAIR. DE FRANCE. Son buste à dr. par Chéron. ℞. ELISABETH. LE. FÉRON. DUCHESSE DE CHAVLNES. Son buste décolleté à dr. Br. 56$^{m}/_{m}$ sans date. *TB. Rare.*

352 **Ordre Militaire de St Lazare.** Louis XIV. Tête nue à dr. par Nilis. ℞. ORDO. MILIT. S. LAZARI. HIEROSOL. RESTITVTVS. MDCLXXII. Chevalier de St Lazare, armé de toutes pièces galopant l'épée haute. Arg. 45$^{m}/_{m}$. *TB. Rare.* (Voir pl. V).

353 **Turenne.** Maréchal de. Son buste cuirassé et lauré à g., par Hamerani. ℞. VIRTVS. HONOS. AEQVITAS. La Valeur, l'Honneur et l'Équité debout. Br. 51$^{m}/_{m}$. sans date. *TB.*

354 **Guillaume de Lamoignon.** Président du Parlement. Son buste à dr., par T. Bernard. ℞. OPTIMO. PARENTI. CHR. FR. F. ADV. GENER. MDCLXXIX. La Vigilance assise et cigogne dormant, une pierre dans la patte. Arg. 58$^{m}/_{m}$. *TB. Rare.* (Voir pl. VI).

355 **Louis XIV.** Joli buste cuirassé à dr., par Meybusch. ℞. SOCIORVM. DÉFENSORI. La Paix debout et Victoire accrochant des boucliers à un palmier. DE GERMANIS. III. VLTRA. RHENVM. PVLSIS. DE. HISPANIS. DE BATAVIS. Exergue. PAX. SEPTENTRIONIS. MDC. LXXIX. Br. 70$^{m}/_{m}$. *Très belle pièce rare.*

356 — Louis XIV. Tête à dr., par Mauger. ℞. PAX. PRONVBA. Louis XIV accordant à l'ambassadeur d'Espagne, la main de Mademoiselle. Ex. : MAR. LVD. AVREL. CAR. II. HISP. REGI. COLLOCATA. MDCLXXIX. Arg. 41$^{m}/_{m}$. *TB.*

357 **Charles le Brun.** Son buste à g., par T. Bernard. 1684. ℞. HAE. TIBI. ERVNT. ARTES. Attributs des beaux arts. Br. 55$^{m}/_{m}$. *TB.*

358 — Louis XIV. Tête à dr., par Breton. ℞. VIBRATA. IN. SVPERBOS. FVLMINA. GENVA. EMENDATA. MDCLXXXIV. Jupiter debout et vue du bombardement de **Gênes.** Arg. 35$^{m}/_{m}$. *TB. Rare.* (Voir pl. V).

359 — Même avers. ℞. SIDERA. LODOICEA. V. SATVRNI. SATELLITES. MDCLXXXV. La planète Saturne et ses satellites. Br. 34$^{m}/_{m}$. *TB.*

360 — Même avers. ℞. VICTORI. PERPETVO. OB. EXPVGNATAS
VRBES. CC. Couronne murale sur des canons. Br. 35%/m.
TB.

361 **Ordre du St Esprit.** Louis XIV. Tête à dr. par Mauger.
℞. Le Roi assis remettant des insignes du St Esprit.
MDCLXXXIX. (Création de 74 chevaliers). Br. 41%/m. *TB.*

362 **Ordre de St Louis.** Même avers. ℞. La croix de l'Ordre.
MDCXCIII. Br. 41%/m. *TB.*

363 **Mariage du duc de Bourgogne.** Avers précédent. ℞.
Bustes en regard du Duc et de Marie-Adélaïde de **Savoie.** MDCXCVII. Arg. 41%/m. *TB.* (Voir pl. VI).

364 **Duc d'Anjou.** Son buste lauré à dr. PHILIPPVS. DVX. AN-
DEGAVENSIS. DECEPTORVM. VOTIS. OBTRVSVS. MDCC. ℞.
PORTOCARERO. CARD. TESTAMENTI. FALLACIS. ARTIFEX.
MDCIC. Buste du cardinal Portocarero. Br. 55%/m. *TB.*

365 **Louis Antoine Cardinal de Noailles.** Archevêque de Pa-
ris. Son buste à dr. par Roussel. ℞. Vue de l'église
St. Louis en l'Ile, en construction. MDCCII. Br. 60 %/m.
TB.

366 **Marlborough.** Duc de. Son buste presque de face. ℞.
GALLIS. ACIE. DEVICTIS. BRABANTIA. FLANDR. ET. ANTWERP.
1706. Mars passant et Français vaincus. (Bataille de
Ramillies). Tranche avec inscription en relief. Br. 37%/m.
TB.

367 — LVDOVICVS. MAGNVS. ANNA. MAJOR. Anne d'Angleterre arrachant une palme à Louis XIV. ℞. Abimelech
blessé par une femme assiégée en une tour. Médaille
satirique pour les défaites françaises en Brabant. Van
Loon V page 39 n° 3. Arg. 43mm avec tranche. *TB.*
Rare.

368 — LVDOVICVS. MAGNVS. Tête âgée de Louis XIV à dr.
signée F B. ℞. LVDOVICVS XV. Buste lauré de Louis XV
enfant à dr., sans date. Arg. 41%/m. *TB.*

369 — PHILIPPVS. DVX. AVRELIANENSIS. Buste du Régent à
dr. par Saint-Urbain. ℞. DEVOTVM ET FELIX GALLIAE.
OBSEQVTVM. La France debout et le Régent. MDCCXV.
Br. 45%/m. *TB.*

370 **Louis XV.** Son buste lauré nu à dr. signé V. ℞. AVVN-
CVLVS. EXCITAT. PECTOR. Le Régent tenant une couronne et le jeune Roi debout. PHILIPPVS. D. AVREL. TV-

TOR. REG. Étain poinçonné de cuivre 38^m/^m. s. d. *Rare.* *TB.*

371 — PETRVS. ALEXIEWITZ. Buste cuirassé à dr. de Pierre le Grand, par Duvivier. ℞. VIRES. ACQVIRIT. EVNDO. Renommée volant à g. Ex.: LVTET. PARISI. MDCCXVII. (Visite du Tsar à Paris). Arg. 60^m/^m. *TB. Rare.*

372 — Même pièce. Br. 60^m/^m. *TB.*

373 — Louis XV. Buste couronné à dr. en grand costume. ℞. REX. COELESTI. OLEO. VNCTVS. REMIS 25 OCT. 1722. Vue du sacre à **Reims.** Arg. 41^m/^m. *TB.*

374 — Son buste cuirassé à dr. par Roëttiers. ℞. RHEDONOE INCENSOE. ANNO. 1720. RESTAVRATOE. ANNO. 1731. La ville de **Rennes** debout tenant son écu. MDCCXXXII. (Reconstruction de la ville après l'incendie). Br. 60^m/^m. *TB. Rare.*

375 — Même avers. ℞. JVNGENDIS. AMPLIORI. ET FACILIORI. COMMERCIO. GENTIBVS... Caducée et corne d'abondance. MDCCXXXIII. (La **Compagnie des Indes,** crée la ville de **Lorient**). Br. 60^m/^m. *TB.*

376 — Buste cuirassé à dr. par Dassier. ℞. VNDIQVE. SERENAT. Amour désignant sur le globe, l'écu de **Bâle,** 1740. (Pacification de Bâle). Br. 54^m/^m. *TB.*

377 **Cardinal de Fleury.** Joli buste à dr. par Roettiers. ℞. Ses armes occupant tout le champ. *Très belle médaille,* sans date. Br. 70^m/^m.

378 — Son buste de 3/4 à g. par Scarbett. ℞. HIS. PACEM. REDDIDIT. ARMIS. Massue, caducée, ancres, etc., formant trophée. MDCCXLI. Br. 38^m/^m. *TB.*

379 — Variété sans date, buste de face non signé, le trophée formé de tambour, canons, pique, etc. Br. 38^m/^m. B. *Rare.*

380 — Louis XV. Tête au bandeau à dr. ℞. LES SIX CORPS DES MARCHANDS... ONT. COMPLIMENTÉ. LE ROY... SVR LE RÉTABLISSEMENT DE LA SANTÉ DE SA MAJESTÉ... MDCCXLIV. Br. 74^m/^m. *TB.*

381 — Même tête. ℞. CL. ARCHAMBAVLT... MAT^{RE}... DE. BOVRGES. 1751. Armes de **Bourges.** Br. 41^m/^m. *TB.*

382 — Même tête. ℞. Armes des **Imprimeurs Libraires** en une couronne; anépigraphe. Br. 34^m/^m. *TB.*

383 — Buste nu, lauré à dr., par Duvivier. ℞. Armes de

Paris. PRINCIPI. OPTIMO. OB. QVAESITAM. VICTORIIS. PA-
CEM. EQVESTREM. STATVAM... MDCCLIV. Tranche inscrite:
INCIDI. CVRAVIT. CLAVDIVS. ELEONORIVS DE. LA FRESNAYE
EQVES. INTER. AEDILES. PRIMVS. Arg. doré 41 ᵐ/ᵐ. *TB.
Rare.*

384 **Stanislas Leczinska**, Roi de Pologne, Duc de
Lorraine. Son buste nu à g. par Saint Urbain. ℞. VTRI-
VSQVE. IMMORTALITATI. La statue en pied à **Nancy**.
MDCCLIV. Arg. 50 ᵐ/ᵐ. *Très belle pièce rare en ce métal.*

385 — Louis XV. Tête au bandeau à dr. ℞. AVSPICE. REGE.
DILECTISSIMO. L'Hôtel-de-Ville de **Rouen**. CIV. ROTH. BA-
SILICA. INSTAVRATA. MDCCLVIII. Inscription sur la tran-
che : G. A. LEFRANÇOIS CAPⁿᵉ DE. GRENADIERS, CHEVʳ DE. LA
LEGION. D'HONNEVR. TVÉ. A LEIPSICK. LE 16 8bre 1813. Aˈ
L'AGE. DE. 24. ANS. Arg. 41ᵐ/ᵐ. *TB. Rare.*

386 **Fouquet**. Son buste à g. par Roettiers. ℞. CH. LOVIS.
AVG. FOVQVET. DVC. DE. BELLE. ISLE... GOVV. GEN. DES
ÉVÊCHÉS... METZ. 1760. Br. 48 ᵐ/ᵐ. *TB.*

387 — SCEAV. DE LA. CONNETABLIE. ET. MARECHAVSSÉE. DE.
FRANCE. 1764. Cavalier armé de toutes pièces à dr. sur
champ fleurdelisé. A l'exergue, armes tenues par 2
sirènes ; signature Lorthior. Bronze uniface 75ᵐ/ᵐ. *TB.*

388 — Louis XVI (sic). Buste habillé à dr. par Gatteaux.
℞. SACRVM. AETERNAE. CONCORDIAE. PIGNVS. **Marie-Antoinette** et le Dauphin debout mains jointes, derrière eux
l'Autriche et la France. MDCCLXX. Arg. 41 ᵐ/ᵐ. *TB.*

389 — COALESCENTIS. DECORA. VIRTVTIS. Deux cœurs sur un
autel. ARGENTINAE. ℞. AVSPICATO. DELPHINAE. ADVENTVI.
Arc de Triomphe. MDCCLXX. (Arrivée de **Marie-Antoinette**
à **Strasbourg**. Étain 51 ᵐ/ᵐ. TB. Rare.

390 **Louis XVI**. Buste couronné en grand costume à dr. par
Duvivier. ℞. VNCTIO. REGIA. REMIS. Le Roi à genoux
au pied d'un autel. MDCCLXXV (Sacre à **Reims**). Arg.
41ᵐ/ᵐ. *FDC.*

391 — PAIX. SVR. LA. TERRE. AVX. BONNES. GENS. Quatre bustes de face sous le soleil, entourés de l'Ordre du Saint-
Esprit. SIGILLVM. PII. INSTITVTVM. CANONIENSIS. Cliché
étain uniface. 52 ᵐ/ᵐ. *TB. Rare.*

392 — Louis XVI. Buste habillé à dr. par Duvivier. ℞.
FOEDVS. CVM. HELVETIIS. RESTAVRATVM... MDCCLXXVII.
(Alliance avec les **Suisses**). Br. 72 ᵐ/ᵐ. *TB.*

393 — Même avers. ℞. **Marie-Antoinette**. Son buste en grand costume à g. par Duvivier. 1781. Br. 73 $^{m/m}$. *TB*.

394 — Même avers. ℞. ARTIS. ET. INDVSTRIAE. PRAEMIVM. DATVM. Couronne. (Prix d'Industrie). Sans date. Br. 74 $^{m/m}$. *TB*.

395 — Louis XVI. Buste à g. par Duvivier. ℞. DONNÉ PAR. LE. ROI. AV $^{S^r}$ TI ^{se} CHARLET. SERGENT. MAJ^r AV. REG^{nt}. DE. PENTHIÈVRE. POVR. AVOIR. PAR. SON. COVRAGE. SAV-VÉ. A. LA. MER. PRÈS. CADIX. PLVS. DE 100 MALADES. ET. L'ÉQVIPAGE. DV. NAVIRE. LA FLORE. LE 5. 7bre 1782. Br. 41 $^{m/m}$. de la plus grande rareté. *TB*. (Voir pl. VI.)

396 — Buste habillé à dr. par Duvivier. ℞. VTRIVSQVE. MA-RIS. JVNCTIO. TRIPLEX. La **Bourgogne** et 3 fleuves. MDCCLXXXIII (Canaux de la Seine, à la Loire et au Rhin) Br. 73 $^{m/m}$, deux petits trous sur la tranche. *TB*.

397 **Frères Montgolfier**. Leurs bustes accolés à g. par Gatteaux. ℞. EXPERIENCE DV CHAMP DE MARS. 27 AOVST 1783. Ballon au-dessus des nuages. Arg. 41 $^{m/m}$. *TB*.

398 — Même pièce. Br. 41 $^{m/m}$. *TB*.

399 — L'Histoire appuyée sur un lion regardant un aérostat. ℞. L'AÉROSTAT... LE. DE. FLESSELLES... S'EST ÉLEVÉ A LYON 1784. Arg. 41 $^{m/m}$. *TB*.

400 — Même pièce. Br. 41 $^{m/m}$. *TB*.

401 **Suffren**. Son buste nu à g. par Dupré. ℞. Armes de **Provence** et couronne. LE. CAP. PROTÉGÉ... L'INDE. DE-FENDVE... SIX. COMBATS GLORIEUX... MDCCLXXXIV. Br. 48 $^{m/m}$. *TB*.

402 **De Vergennes**. Son buste à dr. par Lorthior. ℞. HANC. JVBET. PATRIA. MERERI. 1784. Couronne de chêne. Br. 59 $^{m/m}$. *TB. Rare.*

403 — Louis XVI. Buste à dr. par Duvivier. ℞. LES SIX. CORPS. DES MARCHANDS. DE. PARIS. CÉLÈBRENT. LA. PAIX (de **Versailles**). EN. DELIVRANT. DES. PRISONNIERS. MDCCLXXXIV. Br. 60 $^{m/m}$. *TB*.

404 — LES REFVGIÉS. CONSOLÉS... PAR. LE. GRAND. ELECTEVR. Femme agenouillée au pied d'un buste du Prince, au fond ville française protestante en feu. MDCLXXXV. ℞. LES ENFANS. DES. REFVGIÉS. HEVREVX. SOVS FRÉDÉRIC. LE. GRAND. MDCCLXXXV. Femme agenouillée et statue. Arg. 43 $^{m/m}$. *TB. Rare.*

405 — ASYLE. OVVERT. A. LA. FOI. PAR. LA. CHARITÉ. MDCCLXXII. La Foi et la Charité. ℞. L'EGLISE. FRANCOISE. FONDÉE. A. BERLIN. CÉLÈBRE. SON. IVBILÉ. MDCCLXXII. Br. 42^m/m. *TB.*

406 **Sauveteurs du Trésor**. MAIRIE. DE. PARIS. Armes de la ville. ℞. TRÉSOR. DE. LA. VILLE. SAVVÉ. ET. CONSERVÉ LE. 5 OCTOBRE 1789. Couronne. Hennin 60. Essai de décoration ovale à bélière frappé sur flan de bronze rond. 41^m/m. *TB.* de la plus grande rareté. (Voir pl. VI).

407 — SVR. LES. RVINES. DV. DESPOTISME. Colonne. ℞. LÉGIS-LATEVRS. N'OVBLIEZ JAMAIS, LE. SERMENT. DE. MAINTENIR. LA. CONSTITVTION. Fer avec entourage cuivre à bélière 36^m/m. *B.*

408 — PREMIERE. LEÇON. QVE. DONNE. LA. LIBERTÉ. Déesse assise et enfant, par Duvivier. ℞. ECOLE. DE. SORÈZE. Hennin 758. Arg. à bélière 34^m/m. *TB. Rare.* (Voir pl.VI).

409 **Washington**. Son buste cuirassé à dr. par Webb. MDCCCV. ℞. Quadruple légende circulaire anglaise: FOVNDATION. OF. THE. AMERICAN. LIBERTY. Indien debout à g. Br. 76^m/m. *TB. Rare.*

409 *bis* **Chambre des Députés**. Cette légende en 3 lignes en une couronne, surmontée de la couronne royale fleurdelisée. ℞. SESSION. DE. L'AN. 1815. Br. 38^m/m. *TB.*

410 **Louis XVIII**. Son buste en uniforme à g. ℞. ORDONNANCE DV ROI. DV 28 AOVT 1816 POVR. LA. GARDE. NATIONALE. DV. DÉPARTEMENT. DV RHONE. La Décoration du lis. Br. 41^m/m. *TB.*

411 — Son buste nu à dr. ℞. VILLE. DE. PARIS. CANAL. S^T MARTIN. La Ville debout, génie debout et déesse couchée. Sans date. Arg. 41^m/m. *TB.*

412 **Cuvier**. Son buste nu à dr. par Jacobson. ℞. OPERTA. RERVM. OPERTVIT. Déesse debout. MDCCCXX. Br. 41^m/m. *TB.*

413 **Charles X**. Sa tête à g. par Armand. ℞. VISITE. DV. ROI. A. LA. BOVRSE. DE. PARIS... 1824. Br. 41^m/m. *EDC.*

414 **Manuel**. Son buste en redingote presque de face. Exergue. MARS. 1825. Br. doré uniface. 68^m/m. *TB.*

415 **Duc Mathieu de Montmorency**. Sa tête à g., par Barre. ℞. PAIR. DE. FRANCE. MINISTRE. D'ÉTAT. GOVVERNEVR. DV DVC. DE. BORDEAVX. 1826. Br. 50^m/m. *TB. Rare.*

416 — TRANSLATION. DES. RELIQVES. DE. S^t. VINCENT. DE. PAVL. 25 AVRIL 1830. Buste du Saint, par Vivier. ℞. N. D. DES GRÉS. DE. BONNE. DÉLIVRANCE. La Vierge à l'Enfant. Arg. ovale à bélière 31 m/m × 26 m/m *TB*.

417 **Stéphenson.** Sa tête à g. ℞. LIVERPOOL. & MANCHESTER. RAILWAY. OPENED. 1830. Chemin de fer sur un pont. Br. 46 m/m. *TB*.

418 **Corneille.** Son buste à g. par Depaulis. ℞. STATVE. DE. BRONZE. ÉRIGÉE... ROVEN. 1832. La statue. Arg. 61 m/m. *TB*.

419 **Louis-Philippe.** Tête laurée à g. par Petit. ℞. CHAMBRE. DES DÉPVTÉS. SESSION. 1842. Allégorie à 5 personnages. Arg. 52 m/m.

420 **Henri V.** HENRI. DE. FRANCE. Sa tête à dr. par Gayrard. ℞. Légende gravée. REMISE. DE. LA. PART. DE. HENRI V. A STE CROIX PIEGARD PAR. LES MAINS. DE M LE. VTE. D'AR-LINCOVRT 1849. Couronne de lis. Arg. 36 m/m *TB*.

421 **Louis XVII.** LOVIS. CHARLES. DE. FRANCE. Buste à dr. ℞. EX. BARON. DE. RICHEMONT. 1849. NÉ. A. VERSAILLES. LE. 27 MARS. 1785 (Un des faux Louis XVII). Br. 32 m/m. *TB. Rare.*

422 **Dupanloup.** EVÊQVE. D'ORLÉANS. Son buste à g. par Her-luison. ℞. CATHÉDRALE D'ORLÉANS. Vue de l'église. Arg. s. d. 37 m/m. *TB*.

423 **Chevreul.** Sa tête à g. par Alphée Dubois. ℞. OFFERT. LE. 31 AOVT. 1872 A L'ILLVSTRE. DOYEN. DES CHIMISTES... PAR SES CONFRÈRES. Br. 50 m/m. *TB*.

424 — CHAMBRE. DE. COMMERCE. DE. SAINT-NAZAIRE... 1879. Vue du Port. ℞. Déesse assise tenant un caducée regardant un navire. Argent octogone 41 m/m par Roty. *TB*.

425 **Ballon André.** ANDRÉES POLAR EXPÉDITION. Ballon au dessus du Pôle et buste de André. ℞. FRITTHOF NANSEN. Navire et buste de Nansen. Etain 50 m/m. *TB*.

426 **Santos Dumont.** Son buste à dr. au dessus d'un ballon dirigeable. ℞. SANTOS. DVMONT. N° 6. OUTUBRO. 1901. Déesse assise regardant un dirigeable tournant autour de la tour Eiffel. Br. 50 m/m. *TB*.

427 **Insigne de tir.** LILLE. P. S. C. Cible, fusil etc. Arg. à bélière. 40 × 32 m/m. *TB*.

JETONS

ROIS, REINES: FAMILLE ROYALE

428 **François II.** FRANCISCVS. II. D. G&. Lettre F couronnée. ℞. FELICITAS. PVBLICA. La Félicité debout 1560. Cu. *B*.

429 **Marguerite de Valois.** CONSTRICTA. HOC. DISCORDIA. VIN-CLO. Les chiffres de Marguerite et de Henri III de Navarre, entourés d'un lien 1572. ℞. Femme tenant sur un autel un serpent qui se mord la queue. Arg. *TB*.

430 **Henri IIII.** D. G. FRANC. ET. NAVA. REX. Ecu de France couronné. ℞. PVTANDA. VT. SIT. PERACTOR. Personnage coupant un cep de vigne. 1593. arg. *TB. Rare.* (Voir pl. V)

431 **Mort de Henri IV.** NON. CÆDES. FOVET. MECX. Loup avec bonnet de Jésuite dévorant un agneau (Henri IV). ℞. RELIGIO. AMOREM. 2 oiseaux se béquetant sur un livre ouvert. arg. *TB*.

432 — Même pièce. *Cu. TB*.

433 **Louis XIII.** GÉNÉROSIOR. HOSTIBVS. OBSTAT. Le roi à cheval 1626. ℞. LVDOVICVS. XIII. FRANCORVM. etc... écus de France et de Navarre. Jeton de 2 cuivres. *TB*.

434 — GASTON. DE. FRANCE. FRÈRE. VNICQ. D. ROY. Ses armes. ℞. SERVAT. VT. SERVIAT. VXI. Etoile dans une couronne fleurdelisée, 1623. Arg. *TB*. (Voir pl. VIII).

435 **Charles Iᵉ d'Angleterre et Henriette Marie de France.** Bustes en regard en grand costume, le roi avec col plat. ℞. FVNDIT. AMOR. LILIA. MIXTA. ROSIS. L'Amour unissant des lis et des roses. 1625. arg. *TB*. (Voir pl. V).

436 — Variété, le buste du Roi avec fraise. arg. *TB*. (Voir pl. V).

437 — Leurs bustes accolés à dr. ℞. IN. VNO. TRIA. IVNCTA. 3 couronnes et 2 sceptres. Jeton gravé en nielle, s. d. arg. *TB*.

438 **Louis XIV et Marie Thérèse.** Leurs bustes en regard. ℞. NON. LÆTIOR. ALTER. Pluie. 1660. arg. *TB*.

439 — TRÉSORERIE. DE LA REYNE. Ecu couronné de Marie-Thérèse de France. ℞. CVNISQVE. RELICTIS. CREVIT. HONOR. Main sortant une perle d'une huître. 1663. Cu. TB.

440 **Marie-Thérèse**. MAR. THER. etc... buste drapé à dr. ℞. HINC. ROS. QVOLÆTA. FOVETVR. Brule parfum et larmes tombant du ciel, 1680. arg. *TB*.

441 **Louis XIV**. LVD. XIIII. D. G. etc... buste cuirassé à dr. ℞. VTROQVE. IVPITER. La foudre et pluie d'or tombant d'un nuage, 1670. arg. *TB*.

442 Autre buste cuirassé à dr. ℞. ARGVIT. AVTHOREM. SPLENDOR. Nuages sur une colline. M. D. C. L. XXX. Arg. *TB*.

443 — Tête laurée à dr. ℞. LABORALITIS. AVFERT. Coq perché sur la toison d'or et 2 animaux. Arg. s. d. *TB*.

444 **Louis Dauphin**. LVDOVICVS. DELPHINVS. Son buste cuirassé à dr. ℞. JETON. MEVDON. MDCXCVI. Arg. *B. Rare*.

445 — Louis XIV. Tête à dr. ℞. FELICITAS. DOMVS. AVGVSTVS. Buste du dauphin et ses 3 fils. (Naissance du **Duc de Berry**. 1693. Cu. *Rare. TB*.

446 **Duchesse de Bourgogne**. MARIA. ADELAIS. DVCISSA. BVRGVND. Sa tête à g. ℞. PROGENIES. ET CVRA. SOLIS. huitre perlière. M. D. CC. II. arg. *TB*.

447 — Variété. Buste à dr. ℞. SOLES. PARITVRA. SERENOS. Char de l'aurore. 1704. Cu. TB.

448 — Même avers. ℞. GRATIOR. IN. DIES. Oranger. 1700. Cu. *TB*.

449 **Christine de Suède**. REGINA. CHRISTINA. buste drapé à dr. ℞. ΜΑΚΕΛΩΣ. Phénix sous le soleil, 1665. arg. *TB*.

450 — Même avers. ℞. REPERTRIX. Pallas cueillant des lauriers. s. d. Arg. *TB*.

451 **Louise et Sophie Edwige**. LOVISE. ET. SOPH. HEDW. PR. DAN. NOR. Bustes en regard. ℞. LA BEAVTE. ET. LE. MERITE. LES EGALE. 2 perles, 1699. Arg. *TB*. (Voir pl. VI).

452 **Louis XV**. Son buste lauré à dr. ℞. RECREAT. EXORIENS. 1718. Soleil levant. Arg. *TB*.

453 **Louis XV et Marie Leczinska**. Bustes habillés en regard. ℞. NVPTIALIA. SACRA. FOX. BELL. Cérémonie du mariage à **Fontainebleau**. M. D. CC. XX. V. Arg. *TB*.

454 — FRANCORVM. FELICITAS. Mains jointes sous une couronne. Ex : BERLIN. 1725. M. ℞. MATRIMONIO. LVDOVICI. XV. ET. PRINCIPIS. MARIAE. Ex : COMES. A. ROTENBOVRG. GALLIÆ. ORATOR. Arg. *TB*.

455 **Marie Leczinska.** Buste à g. par Duvivier. ℞. POPVLIS.
GRATISSIMA. SVRGIT. Dragon sur un ciel étoilé. Ex :
MAISON. DE. LA. REINE. 1742. Cu. r. *TB. Rare.*

456 **Marie-Antoinette.** Dauphine. Buste habillé jeune à dr.
℞. CONCORD. NOVO. SANGVIN. SEX. FIRM. L'Hymen et
l'Abondance devant un autel. APR. 1770. Arg. *TB.*

457 — AVSPICATO. OCCVRSV. Palais. Ex : GVNTIVM. 29. APR.
1770. ℞. ADVENTVS. M. ANTONIÆ. GALL. DELPHINÆ. (Arrivée de Marie-Antoinette à Gunsbourg). Arg. *TB.*

458 **Louis XVI.** Tête couronnée de cyprès à dr. par Loos.
LOVIS. XVI. ROI. DE. FR. IMMOLÉ PAR. LES. FACTIEVX. ℞.
PLEVRÉS. ET. VENGÉS LE 1. La France pleurant sur une
urne. Ex : XXI JANVIER. MDCCXCIII. Hennin 470. Or. *TB.
Très rare.* (Voir pl. VII.)

459 — Variété en arg. *TB.*

460 — Variété par W. Mainwaring. Hennin 472. étain. anglais TB.

461 — Sa tête nue à dr. par Stierlé. LVDOVICVS. XVI. GAL-
LIAE. REX. SECVRI. CIVIVM. PERCVSSVS. ℞. HEV. NIMIS.
SERO. MANANT. La ville de Paris pleurant assise sur un
billot. D. XXI. JAN. MDCCXCIII. Hennin 473. arg. *TB.*

462 — LOVIS. XVI. ROI. DE. FRANCE. Sa tête à g. par Mainwaring. ℞. CVNCTIS. ILLE. BONIS. FLEBILIS. OCCIDIT. Branches de cyprès et de palmier. Ex : JAN. 21. 1793 ÆT. 38.
étain anglais. Hennin 474. *TB.*

463 — LVDWIG. DER. 16. KOENIG. VON. FRANKREICH. Tête à
dr. ℞. VNSCHVLDIG. GETODTET. DEN. 21 JANV. 1793. Une
hydre à 7 têtes, foulant la croix. Hennin 475. Arg. *TB.
Rare.*

464 — LVD. XVI. FR. ET. NAV. REX. Sa tête à dr. ℞. NAT. M.
DCCLIV. OB. MDCCXCIII. Serpent enroulé. Cu. r. *TB. Très
rare* (Voir pl. VII).

465 **Louis XVI et Marie-Antoinette.** LVDWIG. D. XVI. KOENIG...
leurs têtes accolées couronnées de palmes dessous : MÆR-
TYRER. ℞. La Guillotine. Ex : D. 21 JANVAR. D. 16. OCTOB.
1793. Hennin 544. Arg. *TB.* (Voir pl. VII).

466 **Marie-Antoinette, Reine de France,** Son buste diadèmé
à g. par Loos. ℞. L. ACCVSE. IE. IVGE. I'EXTERMINE. Une

La série des 6 jetons de Loos, dite série des Victimes, très rare, en or, a été
frappée pour le comte de Provence et les Emigrés.

Furie coiffée de serpents tient une balance et une torche. EX : LE. XVI. OCTOBRE. MDCCXCIII. Hennin. 536. Or. *TB. Très rare.* (Voir pl. VII).

467 — Même pièce. Arg. *TB.*

468 — MARIE. ANTOINETTE..... buste à dr. par Mainwaring. R̃. IMMOLÉE PAR LES FACTIEVX. LE. 16 OCT. 1793. PLEV-RÉS ET VENGÉS. LA !. Hennin 538. Etain anglais. *TB.*

469 — LOVIS XVI. ET. M. ANTOINETTE... leurs bustes accolés à dr. R̃. Lég. anglaise pour leur mort. MVRD. BY. THE. FACTIOVS. 1793. Hennin 547. Cu. *TB.*

470 **Marie-Antoinette.** MARIA. ANTON. DG. REGINA. GALLIÆ. ET. NAV. Joli buste à dr. R̃. AVGVSTA. REG. FAMILIA. ORTAVI OCHLOCRATIÆ. PERIIT. AN. AETATIS. XXXVIII. MDCCXCIII. Bronze doré. *TB. Très rare.* (Voir pl. VII).

471 **Marie-Antoinette.** DECAÉ A. PARIS. LE 16. OCTOBRE, 1793. Son buste à dr. R̃. VICTIMES. DES. INFAMIES RÉVO-LVTIONNAIRES. Femme devant un autel. 1793. Cu. *TB.*

472 — Variété : le buste à g. 1793. Cu. *TB.*

473 — **Marie-Thérèse.** MARIA. TH. C. R. FILLE. DV. ROI. LOUIS XVI. Son buste à dr. R̃. Le précédent. Cu. *TB.*

474 **Philippe Egalité.** PHILIPPE. JOSEPH. ÉGALITÉ. CI-DEVANT. DVC. D'ORLÉANS. Buste avec boucles d'oreilles à g. par Loos. R̃. DE. SA. MONTAGNE. ENFIN. LE. MONSTRE... épée, sceptre et couronne. EX. LE. VI. NOVEMBRE. MDCCXCIII. Hennin 550. Or. *TB. Très rare.* (Voir pl. VII).

475 — Même pièce. arg. TB.

476 **Louis XVII.** LOVIS. XVII. ROI. DE FRANCE. Son buste à dr. par Mainwaring. R̃. SITOT. QVIL. HAIT. VN. ROI. DOIT. ON CESSER. DE. L'ETRE. 1793. Hennin. 558. Etain anglais. *TB. Rare* (Voir pl. VII).

477 **Madame Elisabeth.** ELISABETH. DE. FRANCE. SŒVR. DE. LOVIS. XVI. Son buste voilé à g., par Loos. R̃. CES. LOVPS. SANS. S'ÉMOVVOIR. REGARDENT. LES. FAVCONS. DV. SANG. DE. LA. COLOMBE. ARROSER. LES. VALLONS. Faucon égorgeant une colombe. LE. 10 MAI. 1794. Hennin 621. Or. *TB. Très rare.* (Voir pl. VII).

478 — Même pièce. Arg. *TB.*

479 **Les Enfants de Louis XVI.** LOVIS. CHARLES. ET. MARIE. THÉRÈSE. CHARLOTTE... Leurs bustes accolés à dr. par Loos. R̃. QVAND SERA. T. ELLE. LEVÉE. Draperie baissée.

sans date. Hennin 644. Or. *TB. Très rare.* (Voir pl. VII).

480 **Louis XVII**. LOVIS. SECOND. FILS. DE. LOVIS XVI. NE. LE. 27. MARS. 1785. Son buste à g. par Loos. ℞. L'Ange de la mort écrivant sur un tombeau. REDEVENV. LIBRE. LE. 8 JVIN. 1795. Hennin 664. Or. *TB. Très rare.* (Voir pl. VII).

481 — Même pièce. arg. *TB.*

482 — LOVIS. CHARLES. DE. FRANCE. NÉ A VERSAILLES. LE 25 MARS. 1785. MORT. AV. TEMPLE. LE 2. JANVIER. 1795. Son buste à g. ℞. VICTIMES. DES. INFAMIES. RÉVOLVTIONNAIRES. Déesse devant un autel. 1793. Cu. *TB. Rare.* (Voir pl. VII).

482 *bis.* LOVIS. XVII. ROI. DE. FRANCE. Son buste nu à g. par Gayrard. ℞. RENFERMÉ. DANS. VNE. HORRIBLE PRISON... Y. PÉRIT... 1795. Cu. *TB.*

PERSONNAGES

483 **Bailly**. SIL. BAILLY... MAIRE. 1789. Ses armes. ℞. Armes de Paris. Hennin 93. Cu. oct. *TB.*

484 — Son buste à g. ℞. IL. PERIT. DOVLOVREVSEMENT. SVR. VN ÉCHAFAVD. Hennin 533. Arg. *TB.*

485 — **Bochart** Samuel. Son buste à g. par Dassier. ℞. PROFESSEVR. DE. LANGVES. ORIENTALES. M. 1667. Amours et entablement. Arg. *TB.*

486 **Boileau Despréaux**. Son buste à g. par Dassier. ℞. DE. L'ACADÉMIE FRANÇOISE. M. 1711. Pallas assise. Arg. *TB.*

487 **Catinat**. Son buste à dr. par Dassier. ℞. MARÉCHAL. DE. FRANCE. M. 1712. Amours et entablement. Arg. *TB.*

488 **Colbert**. Son buste à dr. par Dassier. ℞. MINISTRE. D'ÉTAT. M. 1683. Pallas assise. Arg. *TB*

489 **Condé**. LOVIS. DE. BOVRBON. Son buste à g. par Dassier. ℞. PRINCE. DE. CONDÉ. M. 1687. Amours et entablement. Arg. *TB.*

490 **Charlotte Corday**. MAR. ANNE. CHARLOTTE. GORDET (*sic*) D'ARMAND. Joli buste à dr. ℞. BIEN MÉRITÉE. Couronne de chêne. Hennin 514. Cu. doré, sans date. *TB. Très rare.* (Voir pl. VII).

491 — CHARLOTTE. CORDAY. D'ARMANS. Son buste à dr. ℞.

VICTIMES. DES. INFAMIES. RÉVOLVTIONNAIRES. Déesse debout sacrifiant. 1793. Cu. *TB. Très rare.* (Voir pl. VII).

492 **André Dacier.** Son buste à dr. par Dassier. R/. GARDE. DES. LIV. DV. CABINET. DV ROY... M. 1722. Renommée assise. Arg. *TB.*

493 **Guy Dimanche.** Ses armes. R/. DIEV. FERA. A. CHASCVN. SON. IVGEMENT. Croix fleurdelisée. Cu. usé.

494 **Baron d'Hôpken.** PRO. FIDE. LEGE. REGE. Ses armes. R/. IETTON. DE. MR. LE. BARON. D'HOPKEN. Arg. oct. *TB.*

495 **Madame de Klinckowström.** PROXIMO. VT. SIBI. Ses armes. R/. IETTON. DE. MADAME... NÉE. D'EHRENPREVS. 1753. Cu. *TB.*

496 **Lafayette et Washington.** Leurs bustes face à face en une couronne de lauriers. R/. PAR. NOBILE. FRATRVM. Arg. s. d. *TB.*

497 **Charles de Lorraine.** Amiral des mers du Levant. DVC. D. GVISE. PAIR. DE. FRAN. Ses armes. R/. VERITAS. VISV. ET. MORA. 1600. Livre sur une colonne. Cu. *TB. Rare.*

498 **Maréchal de Luxembourg.** Son buste à g. par Dassier. R/. DVC. DE. PINEY. M. 1695. Mars assis et drapeaux. Arg. *TB.*

499 — Variété; deux amours sur un entablement. Arg. *TB.*

500 **Du Metz de Serches.** Armes 1715. R/. EX. FIDE. PRETIVM. Monogramme. Cu. oct. *B.*

501 **Robert Nanteuil.** Son buste à g. par Dassier. R/. DESSINATEVR. ET. GRAVEVR. M. 1678. Arg. *TB.*

502 **Bernard de Noblet.** COMTE. DE. CHENELETTE. 1715. Ses armes. R/. usé. Cu.

503 **Comte de Pagan.** Son buste cuirassé à dr. R/. INGÉNIEVR. M. 1665. Deux amours sur un entablement. Arg. *TB.*

504 **Pictet.** BENEDICT. PICTET. Son buste à dr. par Dassier. R/. PASTEVR. ET. PROFESSEVR. EN THÉOLOGIE. A. GENÈVE. 1724. Arg. *TB.*

505 **Phélipeaux.** B. PHELIPEAVX. C. D. ROY. EN. S. C. DEST... Ses armes et celles des Cottereau. R/. HIS. IVVAT. IGNIBVS. VRI. Deux amours et phénix. 1624. Arg. *TB. Rare.* (Voir pl. VIII).

506 **La Pompadour.** Ses armes. R/. Son monogramme couronné en une couronne de roses enguirlandée. s. d. Arg. oct. *TB. Rare.* (Voir pl. VI).

507 **De Riveron.** SOLV. SVRDIS. PVLCHRVM. HOC. DR. DE. RI-VERON. Ses armes. ℞. QVI. RECTE. COMPVTATIT. IN. CELO. Ecu royal de France. Cu. *Très rare.*

508 **Robespierre.** M. M. J. ROBESPIERRE. Son buste à dr. ℞. DÉPVTÉ. DV. DÉPARTEMENT. DE. PARIS. en une couronne. Cu. doré. *TB. Très rare.* (Voir pl. VII).

509 **Scévole de Ste Marthe.** Curieux buste à dr. par Dassier. ℞. PRESIDENT. ET. TRÉSORIER. DE. FRANCE. M. 1623. Deux amours et entablement. Arg. *TB.*

510 **Schecle.** SCHEELE. CHIMICVS. Son buste nu à dr. ℞. NATV-RAE. SACRA. ORGIA. MOVIT. Mercure dévoilant la Nature. DENAT. 1786. Arg. *TB.*

511 **Jacques Sirmond.** Son buste à g. par Dassier. ℞. JÉ-SVITE. M. 1651. Amours sur un entablement. Arg. *TB.*

ADMINISTRATIONS, PARIS, etc.

512 **Conseil du Roi.** NIL. NISI. CONSILIO. Ecu de France. ℞. TANTI. EST. PRÆSENTIA. REGIS. Aigle couronné chassant d'autres animaux. 1596. Jeton de 2 cuiv. *B. Rare.*

513 — Même avers. ℞. ESTO. DOM. Escargot percé d'une flèche devant la Rochelle. 1628. Arg. *TB. Rare.*

514 **Secrétaires du Roi.** TAR[s]. NON. FIDELI. TVTA. SILENTIO. LILIA. 10 lis entre 2 colonnes. ℞. REGIS. DOMVSQ. FRAN-CIÆ SECRÉTARII. Ecu de France couronné. 1569. Cu. j. *TB. Rare.*

515 — SECRETAIRES. DV. ROY. DE. L'ANTIEN. COLLÉGE. Champ fleurdelisé. ℞. ARDVA. PENNIS. ASTRA. SEQVOR. Aigle volant vers le soleil. 1620. Cu. j. *TB.*

516 **Justice.** Louis XIIII. Buste cuirassé à dr. ℞. IVS. DEA. MAIVS. HABET. La Justice debout. Ex. : THEMIS. CONSIS-TORIANA. Sans date. Cu. r. *TB.*

517 **Avocats aux Conseils. Louis XIV.** Buste à mi corps à dr. avec le sceptre. HOC. NVMINE. TVTI. 1665. ℞. AD[vis]. AVX. CON[seils]. Ecu de France couronné sous un dais tenu par 2 anges. 1665. Cu. j. *B. Rare.*

518 — Louis XIV. Tête nue à dr. ℞. SOLIS. FAS. CERNERE. SOLEM. Aiglons volant vers le Soleil. 1685. Cu. r. *TB. Rare.*

519 **Ordinaire des guerres.** Ecus de France et Navarre. ℞. NEC. PLVRIBVS. IMPAR. Soleil rayonnant sur le Globe. 1658. Arg. *TB.*

520 — Louis XV. Buste habillé à dr. par Duvivier. ℞. AD. VTRVMQVE. PARATVS. La France assise. 1736. Arg. *TB.*

521 — Variété tête laurée par Duvivier. ℞. IN. CERTAMEN. VTRVMQVE. (Castor et Pollux au repos). 1753. Arg. *TB.*

522 — Buste cuirassé jeune à dr. ℞. IMPATIENS. PVGNÆ. Cheval harnaché. 1758. Arg. *TB.*

523 **Extraordinaire des guerres.** Ecus couronnés de France et de Navarre. ℞. SECVRITAS. GALLIÆ. Deux guerriers se donnant la main et autel. 1628. Arg. *TB. Rare.* (Voir pl. VIII).

524 Louis XV. Buste cuirassé à dr. ℞. JVSSA. VOLANT. Deux foudres sur un nuage. 1734. Arg. *TB.*

525 — Variété. ℞. AD. VTRVMQVE. PARATA. Pallas debout tenant une couronne. 1761. Arg. *TB.*

526 — Variété. Buste habillé. ℞. DVLCIA. VINCLA. La Corse enchaînée aux pieds d'un guerrier. 1769. Arg. *TB.*

527 — Variété, tête laurée. ℞. PATRIAS. EXCERCET. AD. ARTES. Aigle et aiglons. 1771. Arg. *TB.*

528 **Ecole d'Artillerie. Duc du Mayne.** Buste drapé et cuirassé à dr. ℞. NON. PASSVS. INERTES. Canons tirant sur une place forte. 1727. Cu. r. *TB.*

529 **Artillerie.** Louis XV. Buste drapé et cuirassé à dr. ℞. SI. VIS. PACEM. PARA. BELLVM. Pallas montrant des canons. 1734. Arg. *TB.*

530 — Même avers. ℞. NEC. DVM. NOSTROS. CONSVMPSIMVS. IGNES. Canons devant l'Etna en éruption. 1735. Arg. *TB.*

531 — Même avers. ℞. FRÆNAVIT. JVPITER. ÆTNAM. Jupiter sur un aigle. 1736. Arg. *TB.*

532 — Même avers. ℞. SOMMO. CONCIPIT. IGNES. Dragon endormi au pied d'un arbre. 1738. Arg. *TB.*

533 — Variété d'avers, tête au bandeau. Arg. *TB.*

534 **Marine.** Louis XIV. Tête à dr. ℞. AQVILONVM. DESPICIT. IRAS. Le char d'Amphitrite à g. sans date, arg. *TB.*

535 **Marine. César, Duc de Vendosme.** Son buste à dr. ℞. A. FLVTV. DEFENDET. ONVS. Trophée sur un navire. MARINE. 1655. Cu. r. *B.*

536 — Même avers. ℞. CEDIT. ET. IMPERAT. Navire fleurdelisé et vents. 1656. Cu. r. *TB.*

537 **Marine. Louis Comte de Vermandois.** Admiral de France, tête enfantine à dr. ℞. CRESCIT. ET. IMPERIVM. Croissant de lune au-dessus de la mer. 1672. Cu. j. *B.*

538 **Marine. L. Alex. de Bourbon Cte de Toulouse.** Admiral de France. Buste drapé à dr. avec la peau de lion. ℞. TERRET. HIANTÈS. Hercule combattant Géryon. MARINE. 1704. Cu. r. *TB.*

539 — Même personnage, buste drapé à dr. ℞. AQVILONVM. DESPICIT. IRAS. Amphitrite dans un bige d'hippocampes. 1702. Cu. r. *TB.*

540 — Variété. ℞. PELAGO. SENSERE. TONANTEM. Aigle fulminifère foudroyant quatre vaisseaux. 1705. Cu. r. *TB.*

541 — Variété au buste cuirassé. ℞. SERVAT. MENS. CAVTA. FVTVRI. Protée dans sa grotte. 1706. Cu. r. *TB.*

542 — Variété au buste cuirassé et drapé. ℞. EXTREMO. A DVEXIT. AB. ORBE. Hercule tenant les pommes des Hespérides. 1709. Cu. r. *TB.*

543 — Même avers. ℞. PRÆSTAT. COMPONERE. FLVCTVS. Neptune dans un bige d'hippocampes. 1714. Cu. r. *TB.*

544 — Même avers. ℞. VIS. AVGENDA. QVIETE. Arc détendu sur un paysage. 1715. Cu. r. *TB.*

545 — Même avers. ℞. PROPERAT. REPARARE. VICES. Croissant de lune sur un rivage. 1718. Arg. *TB.*

546 — Même avers. ℞. QVANTVS. CVM. SE. EXERET. ARDOR. Un mortier. 1719. Cu. r. *TB.*

547 — Même avers. ℞. MANET. INTEGRA. VIRTVS. Pleine lune sur une mer agitée. 1722. Cu. r. *TB.*

548 — Même avers. ℞. CRESCIT. PROLE. NOVA. Laurier et ses rejetons. 1723. Cu. r. *TB.*

549 — Même avers. ℞. SVB. AMICO. SIDERE. TVTA. Étoiles au-dessus d'un navire. 1724. Cu. r. *TB.*

550 — Même avers. ℞. EXPECTAT. JOVIS. IMPERIVM. Aigle fulminifère de face. 1731. Cu. r. *TB.*

551 — Même avers. ℞. MIHI. PERVIVVS. ORBIS. Mercure dans les airs. 1733. Arg. *TB.*

552 **Académie de Marine.** Louis XVI. Son buste drapé à g. par Duvivier. ℞. PER. HANC. PROSVNT. OMNIBVS. ARTES. 1778. Arg. *TB.*

553 **Galères. Duc de Vendôme.** LOVIS. DVC. DE. VENDOSME. GÉNÉRAL. DES. GALÈRES. Ses armes. ℞. TEMNIT. TRANQVIL-LA. FREMENTES. Soleil éclairant une montagne battue par les vents. 1704. Cu. r. *TB*.

554 — Même avers. ℞. NON. FLVCTVS. IGNESQVE. MORANTVR. Amphitrite dans une conque traînée par 2 hippocampes. 1705. Cu. r. *TB*.

555 — Même avers. ℞. EXITIVM. SI. QVISQVAM. ADEAT. Sirènes se baignant. 1706. Cu. r. *TB*.

556 — Même avers. ℞. VRGET. AMOR. PVGNÆ. Faucons sur un arbre. 1707. Cu. r. *TB*.

557 — Même avers. ℞. ARDENT. DVM. REDDAT. HABENAS. Neptune sur un bige d'hippocampes. 1708. Cu. r. *TB*.

558 — Même avers. ℞. SERVAT. TERRETQVE. VICISSIM. Dragon au pied de l'arbre des Hespérides. 1709. Cu. j. *TB*.

559 — Variété, écu rond à ses armes. ℞. AD. JVSSA. PARATÆ. Carquois. 1711. Cu. r. *TB*.

560 — Variété. ℞. ETIAM. TRANQVILLA. TIMETVR. Méduse couchée. 1712. Cu. r. *TB*.

561 **Galères. Maréchal de Tessé.** LE. Mᵃˡ. DE. TESSE. Gᵃˡ. D'ESPAGNE. Gᵃˡ. DES. GALLÈRES. Ses armes. ℞. ET. ADHUC. EX. ORITVR. PELAGO. NVMEN. Amphitrite entourée de 3 nymphes et Neptune. 1713. Cu. r. *TB*.

562 — Même avers. ℞. DAT. SEDES. HABITARE. QVIETAS. 3 sirènes. 1714. Cu. r. *TB*.

563 — Même avers. ℞. AGILES. SI. POSTVLET. VSVS. Quatre faucons sur un perchoir. 1715. Cu. r. *TB*.

564 — Même avers. ℞. PLACIDO. NVNC. ÆQVORE. LVDVNT. Trois Néréides et un Dauphin. 1716. Cu. r. *TB*.

565 **Galères. Chevalier d'Orléans.** LE. CHEVALIER. D'ORLÉANS. GÉNÉRAL. DES. GALÈRES. Ses armes. ℞. NEC. SPONTE. QVIESCVNT. Neptune et les vents. 1718. Cu. r. *TB*.

566 — Même avers. ℞. DISCVNT. (L pour I) QVE. PER. OTIA. BELLVM. Six oiseaux au-dessus de la mer. 1724. Cu. r. *TB*.

567 — Même avers ℞. AD. OBSEQVIVM. CELERES. Arc et Carquois. 1726. Cu. r. *TB*.

568 — Même avers. ℞. IN. ALTO. ET. LITTORE. PROSVNT. 2 ancres debout. 1727. Cu. r. *TB*.

569 — Même avers. ℞. QVAS. NON. AVDENT. IRE. VIAS. Trois sirènes. 1728. Cu. r. *TB.*

570 — Louis XV. Buste juvénile drapé. ℞. REMIGIO. MARVM. 3 aigles. GALERES. 1725. Arg. *TB.*

571 **Compagnie des Indes.** Louis XVI. Buste habillé à dr. par Duvivier. ℞. 2 figures soutenant l'écu de la Cⁱᵉ des Indes. Ex. : COMP. DES. INDES. MDCCLXXXV. Arg. oct. *TB. Rare.*

572 **Guyane.** COMPAGNIE. DE. LA. GUYANNE. FRANÇAISE. Nègre debout. ℞. EX. VTILITATE. DECVS. Charrue. Arg. oct. s. d. *TB.*

573 **La Réunion.** Mercure assis au bord de la mer. ℞. CHAMBRE. DE. COMMERCE. DE. L'ILE. DE. LA. REUNION. 1862. Arg. oct. *TB.*

574 **Sénégal.** Navire à vapeur. ℞. COMPAGNIE. DE. REMORQUAGE. SÉNÉGAL. Ancre, caisse, baril. Arg. s. d. *TB.*

575 **Ordre du St Esprit.** Louis XVI. Buste en grand costume à dr. ℞. ORDRE. ET. MILICE. DV. SAINT. ESPRIT. Le St Esprit et le collier de l'Ordre. Arg. oct. sans date. *TB. Rare.*

576 **Ordre de la Couronne de fer.** Napoléon Iᵉʳ. Tête laurée à g. par Droz. ℞. ORDINE. DELLA. CORONA. DI. FERRO. La couronne de fer. Ex. : FONDATO. IL. 5 GIVGNO. 1805. Arg. oct. *TB. Rare.*

577 **Aux Bonnes Citoyennes.** BONNE. PAR. LA. COMMUNE. DE. PARIS. AUX. BONNES. CITOIENNES. LE. 8 OCTᵇʳᵉ 1789. ℞. Armes de Paris. Hennin 64. Cu. oct. *TB. Très rare.* (Voir pl. VI).

578 **Procureurs des comptes.** Louis XIV. Sa tête à dr. ℞. PROCVRANT. SOLITA. RATIONE. QVIETEM. Nid d'alcyons sur la mer. 1708. Arg. *TB.*

579 — Variété. s. d. au buste cuirassé de Louis XV à dr. Arg. *TB.*

580 **Trésor Royal. Louis XIV.** Tête à dr. ℞. NOVA. TELA. MINISTRAT. Vulcain forgeant la foudre. 1691. Arg. *TB.*

581 — ℞. ALIT. VIRESQVE. MINISTRAT. Main tenant un arrosoir. 1706. Arg. *TB.*

582 **Louis XV.** Buste à dr. ℞. QVO POSIVIAT. VSVS. Une fontaine avec bassin répartiteur. 1726. Arg. *TB.*

583 — ℞. NON. SIBI. SED. ORBI. Soleil au-dessus du Globe.
1751. Arg. *TB.*

584 — ℞. DAT. CVNCTA. MOVERI. Le système solaire. 1754.
Arg. *TB.*

584 *bis* — ℞. INDE. ROS. ET. FVLMEN. Soleil et vapeurs. 1757.
Arg. *TB.*

585 **Trésoriers Généraux de France.** LES. TRÉSORIERS GNAVLX
DE FRANCE. Écu de France. ℞. EN. LA. FOY. ET. LÉQVITÉ.
Mains jointes sous une balance. 1578. Cu. j. *TB.*

586 **Généraux des Monnaies.** M. P. DES. JARDINS. CONS. DV.
ROY. GNAL. DES. MONNOYES. Ses armes. ℞. AVEC. LE.
TEMPS. Bras sortant d'un nuage. Sans date. Cu. j. *B.
Rare.* (Voir pl. VIII).

587 — F. DVRANT. CONER. D. R. GNAL. EN. SA. COVR. D. MON-
NOYES. Ses armes. ℞. THÉMIS. CVM. PACE. RESVRGIT. La
Paix et la Justice. 1600. Cu. j. *TB. Rare.* (Voir
pl. VIII).

588 — G. HERARDIN. ES. CON. SEC. DV. ROY. GAL EN. CHEF.
Ses armes. ℞. TOVT. DEFERE. A. L'AMOVR. TOVT. DEFERE.
AV COVRAGE. Amour sur un aigle. Sans date. Cu. r.
TB.

589 **Chambre aux deniers.** Louis XV. Buste cuirassé et
drapé. ℞. DIVITIIS. ET. SAPIENTIA. Pallas et l'Abondance
debout tenant une couronne. 1744. Arg. *TB.*

590 — Tête au bandeau. ℞. REGALI. SPLENDET. VSV. Le rameau d'or. 1750. Arg. *TB.*

591 — Buste à la tête laurée. ℞. STVDIVM. GLORIAQVE. RI-
GANTIS. Jardinier arrosant un plant de lis. 1757. Arg.
TB.

592 **Trésorier de l'Epargne.** G. DE. GVÉNEGAVD. Ses armes. ℞.
ET. DAME. MARIE. DE. LA. CROIX. SA. FEMME. Ses armes.
Cu. j. s. d. *TB.*

593 **Aides et Entrées.** Louis XIV. Buste jeune à dr. ℞. ET.
IVSSÆ. ET. SINE. LABE. LEGVNT. Essaim d'abeilles sur des
fleurs. 1664. Cu. r. *TB.*

594 **Gabelles.** Écus France-Navarre. ℞. CVM. OMNI. OBLA-
TIONE... 1664. Sacrifice d'un agneau. Cu. *TB.*

595 **Parties Casuelles.** Louis XIV. Tête nue à dr. ℞. MVTA-
VIT. INCERTOS. HONORES. Bacchus consolant Ariane.
1715. Arg. *TB.*

596 — Louis XV. Buste habillé à dr. par Duvivier. ℞. DAMNVM. PENSATVR. HONORE. Émondeur taillant un arbre. 1728. Arg. *TB.*

597 — Buste drapé et cuirassé. ℞. SOPITOS. SVSCITAT. Coq devant une étoile. 1734. Arg. *TB.*

598 **Argenterie du Roi.** DE. L'ARGENTERIE. DV. ROY. Écu de France couronné. ℞. EGET. ARTE. REGENTIS. Mercure entraînant un personnage. 1580. Cu. j. *TB.*

599 — Même avers. ℞. ARGENTEA. PALLADIS. ÆTAS. Pallas dans la mer et monnaies tombant du ciel. 1583. Cu. j. *TB.*

600 — Louis XIV. Tête à dr. ℞. QVAM. VARIO. SPLENDORE. MICAT. Arc en ciel. 1703. Cu. r. *TB.*

601 **Garde-Robe du Roi.** JETTON. DE. LA. GARDE. ROBE. DV. ROY. 2 L entrelacées sous une couronne. ℞. Semblable à l'avers. Cu. j. oct. *TB.*

602 **Pensions.** Louis XIV. Buste habillé à dr. ℞. PLACIDOS. DAT. DVCERE. SOMNOS. Plante fleurie. Ex.: IVS. ANNVÆ. PENSIONIS. CONCESSVM. M. D. C. LXXXII. Cu. r. *TB. Rare.*

603 **Procureurs au Châtelet.** LA. COMTE. DES. PROCVREVRS. DV. CHLET. DE. PARIS. Vue du Châtelet. ℞. HÆC. PARAT. ILLE. REGIT. Sceptre et main de Justice. 1664. Cu. r. *TB.*

604 **Assurances** (La Royale). Pélican et ses petits. ℞. COMPAGNIE. D'ASSVRANCE. SVR. LA. VIE. ETABLIE. EN 1787. Gauvin 405. Arg. *TB.*

605 — Déesse ailée assise devant un navire. ℞. L'INDVSTRIE FRANCAISE. COMPAGNIE. D'ASSVRANCES. MARITIMES. Gauvin 250. Arg. s. d. *TB.*

606 **Avoués.** Louis XVIII. Buste nu à g. par Dupré. ℞. MONET. NE. ARGVAT. CHAMBRE. DES. AVOVES. DV. TRIBVNAL. DE. 1ʳᵉ INSTANCE. DE. PARIS. 1817. Arg. oct. *TB.*

607 **Agents de Change.** Louis XV. Buste jeune cuirassé à dr. ℞. ET. SERVAT. ET. AVGET. La Prudence debout devant un coffre-fort. 1718. Arg. *TB. Rare.*

608 — Louis XVI. Buste drapé à g. p. Duvivier. ℞. AD. REI. PVBLICÆ. VTILITATEM. La Prudence marchant vidant une corne d'abondance. 1777. arg. *TB. Rare.* (Voir pl. VIII).

609 **Notaires**. Louis XIV. Tête nue à dr. ℞. LEX. EST. QVOD-CVMQ. NOTAMVS. Gnomon. à l'exergue : CONS^{ers} DV. ROY. ET. NOTAIRES. 1683. Arg. *TB. Rare* (Voir pl. VIII).

610 — Louis XVIII tête nue à dr. par Michaut. ℞. LEX. EST. etc... Gnomon. Exergue. COMPAGNIE. DES. NOTAI-RES. PARIS. Sans date. Arg. oct. *TB.*

611 — Variété signée MICHAUT 1820. Arg. Oct. *TB.*

611 *bis* — Variété sans date à la tête de **Charles X**. à dr. par Michaut. Arg. oct. *TB.*

612 **Commissaires Priseurs**. Louis XV. Buste drapé à dr. signé C. N. R. FILIVS. ℞. ELECTIS. FIDITE. La Justice assise. Sans date arg. TB. (Voir pl. VIII).

612 *bis* — Variété Buste nu signé R. FILIVS. Sans date. arg. *TB.*

613 — Louis XV. tête laurée à dr. par Duvivier. ℞. CHAS-TEAV. DE. BELLEVEVE. Vue du château. 1752. arg. Oct. *TB.*

613 *bis* — HOTEL. DE SOISSONS. Croix et 3 fleurs de lis. ℞. IS. ERTVM. QVO. FATA. FERENT. Barque et une S en contremarque sans date. Cu. j. *TB.*

614 **Ville de Paris**. REMICIO. FLVCTVS. SVPERANS. Navire, EX : LVTETIA. ℞. DVM. CLAVVM. RECTVM. TENEAM. Personnage assis, tenant un gouvernail, devant une table, 1587. Cu. j., manque à D'Affry. Rare. B.

615 **Election de Paris**. L. BAVSSAN. CON^{er} DV. ROY. PRES^t, D. LELEC^{on} D. PARIS. *Ses armes*. ℞. SVNT. ET. HIC. ORA-CVLA. DIVVM. Le chêne de Dodone. 1669. Cu. r. *TB...*

616 **Prévôts de Paris**. MART. LANGLOIS. M. D. REQVETES. P. D. MARCHANDS. Ses armes. ℞. SIC. HENRICVS. MERGENTIBVS. Nef sous un ciel étoilé, 1595. Cu. j. *TB.*

617 — PREVOSTE. DE. M^{re} FR. MYRON. 1606. Armes de Paris. ℞. MARMOREAM. RELINQVET. *Vue de Paris*. Ex : LVTETIA. Cu. j. *TB.*

618 — 2me PREVOTE. D. M. JACQVES. SANGVIN 1609. Armes de Paris. ℞. ILLO. RADIANTE. SVPERBIT. L'Hôtel de ville. Cu. j. *TB.*

619 — 3me PREVOSTE. D. M. JACQVES. SANGVIN. 1612. Armes de Paris. ℞. CONCORDES. VENERANTVR. GRANDIVS. ASTRVM. Soleil rayonnant sur un paysage. Cu. j. *TB.*

620   IVNCTISQVE. FERVNTVR. FRONTIBVS. Bustes de Louis XIII et d'Anne d'Autriche. ℞. NVNC. VNA AMBÆ. Navire et A couronné. Ex : DE. LA. P. DE. R. MYRON. 1616. Cu. j. *TB.*

621 — SECONDE PRÉVOSTE. DE. MESS^{re} H. DE. MESME. Armes de Paris. ℞. Oiseaux sur des Arbres. 1617. Cu j. *TB.*

622 — Le même. ℞. Couronne. REGALIBVS, etc. 1619. Cu. j. *TB.*

623 — Le même. Armes de Paris. ℞. Ses armes SOLO. COELOQVE. SALOQVE. Sans date. Cu. j. *TB.*

624 — Variété datée 1622, sans légende autour de ses armes. Arg. *TB.*

625 — 2me PRÉVOTÉ. D. M^{re} . NICOLAS. D. BAILLEVL. Ses armes. ℞. QVO. SYDERE. TVTIOR. 1625. Armes de Paris. Cu j. *TB.*

626 — Le même, 3me prévoté. Ses armes. ℞. AQVILONE, etc. Navire et vents. 1628. Cu j. *TB.*

627 — 2me PRE^{té}, DE. M. LE. PRÉ . SANGVIN. Ses armes. ℞. NEC. LATVS. etc. Vaisseau 1632. Arg. *TB.*

628 — IIe PRÉ^{té}, DE. Mre MICH. ETL. TVRGOT. 1733. Ses armes. ℞. Armes de Paris. Arg. *TB.*

629 — **Echevins de Paris.** DE. LÉCHEVINAGE. DE. Mre IVLIEN. GERVAIS. Ses armes. ℞. NEC. SAXA. etc. Vaisseau de Paris. 1655. Cu. j. *B.*

630 — JEAN. ROVSSEAV. Ses armes. ℞. ADHIBET. etc. Victoire et Vaisseau 1656. PAX. CVM. ANGLIS. Cu. r. *TB.*

631 — ANT. DE. LA. PORTE. Ses armes. ℞. VTRAQVE. etc. La reine Christine à cheval. 1657. cu. r. *TB.*

632 — M . N. PICQVES. Ses armes. ℞. QVÆ. NON. MARIA. Armes de Paris. 1670. Cu. r. *TB.*

633 **Receveurs des Pauvres de Paris.** J. GARNIER. Ses armes. ℞. VRBIS. ET. PORI. etc. Armes de la recette des pauvres. Sans date. Cu. j. *TB.*

634 — R. LESCOT. Ses armes 1647-1648. ℞. VRBIS. etc. Armes de la recette des pauvres. Cu. j. *TB.*

635 **Quartiniers.** H. DE. ROSNEL,... QVARTINIER. Ses armes. 1701. ℞. L'Hôtel de ville de Paris. Cu. r. *TB.*

636 **Syndics généraux des Rentes.** Louis XIV. Tête à dr. ℞. SYNDICS. GENAVX. DES. RENTES. DE. L'HOTEL. DE. VILLE. DE. PARIS. 1706. Cu. r. *TB.*

637 **Réunion du Clergé**. IN. AVXILIVM. FIDEI. ET. IMPERII. Assemblée des Évêques de France. ℞. OFFERT. ET. BENEDICIT. Melchisédec bénissant Abraham. 1705. Arg. *TB*.

638 — VOTIS. PACEM. DONIS. TRIVMPHOS. La Foi devant un autel. ℞. CONVENTVS. CLERI. GALLICANI. MDCCXXXV. Arg. *TB*.

639 **Louis XV**. Tête laurée à dr. p. Duvivier. ℞. CONVENTVS. CLERI. GALLICANI. MDCCLXII. Arg. *TB*.

640 **Subvention aux Couvents pauvres**. Louis XVI. Buste nu à dr. p. Gatteaux. ℞. CONSOCIARE. AMAT. La Foi et la Justice debout et autel. Arg. Oct. Sans date. *FDC*.

641 **Eglises de Paris**. Louis XV. Buste lauré à dr. ℞. SVI. DAT. PIGNVS. AMORIS. Madeleine et le Christ. Ex : S. M. MADELAINE. VILLE L'ÉVÊQVE. 1750. Arg. *TB. rare*. (Voir pl. VIII).

642 — Variété à la tête de Louis XVI à dr. arg. *TB. Rare* (Voir pl. VIII).

643 **Eglise St· Nicolas**. SANCTE. NICOLAE. 1635. ℞. HVMANÆ. VITÆ. CONDITIO. Navire. Méreau Cu. j. *TB*.

644 **Doyens de la Faculté de Médecine de Paris**. J .B. CHOMEL. PARIS. F. M. P. DECANVS. Buste à dr. par Duvivier. ℞. Ses armes. 1738-1739-1740. Arg. *TB. Rare*. (Voir pl. VIII).

645 — JAC. LVD. ALLEAVME. PARIS. FAC. MED. P. DECAN. Buste à dr. p. Duvivier. ℞. Ses armes. 1774-1775. Cu. r. *TB*.

646 **Juges et Consuls**. LVDOVICVS. MAGNVS. REX. Statue équestre à dr. ℞. LES. JVGES. ET. CONSVLS... Vaisseau. 1697. Cu. r. *TB*.

647 — Louis XIV. Tête à dr. ℞. INSVPER. ALAS. ADDIDIMVS. La Justice les yeux bandés. Ex : LES. JVGES. ET. CONSVLS. Cu. r. *TB*. Sans date.

648 — Louis XV. Buste jeune drapé à dr., ℞. Le précédent. Arg. *TB*. Sans date.

649 **Corporations. 1ᵉʳ Corps. Drapiers**. VT. COETERAS. DIRIGAT. Ex : LE. PREMIER. CORPS. DES. MARCHANDS. DE. PARIS. Navire. ℞. ME. CVSTODE. TVTVM. Coq perché sur un arbre défendant la toison d'or. Ex : I. DE. VIN. 1703. Cu. r. *TB. Rare en ce métal*.

650 — Même avers. ℞. VELLERA. TVTA. FOVET. Berger assis Ex : MARC. ANTOINE. DE. WAILLE. Cu. r. *TB. Rare*.

651 **Controleurs des bois à bâtir. Louis XV**. Buste cuirassé à dr. ℞. SENSV. JVSTITIA. REDDITVR. OMNI. Minerve assise 1732. Arg. Oct. *TB*.

652 **Chargeur de Vins**. IVRE. ROVLEVR. DE. VIN. Homme roulant des barriques sur un quai. Dans le ciel, saint Nicolas. ℞. CHAGEVR. DE. VIN. Homme roulant une barrique devant un baquet, 1691. Cu. j. *TB*. *Rare*.

653 **Vendeurs de poissons de mer. Louis XIV**. Tête laurée à dr. ℞. COMITATV. SEDVLO. Navire entouré de poissons. Cu. r. Sans date. *B*.

654 **Horlogers**. Louis XVI. Buste drapé à g. par Droz. ℞. SOLIS. MENDACES. ARGVIT. HORAS. Déesse assise et horloge, sans date. Arg. *TB*.

655 **Marchands de vins**. CONFRAIRIE. DES. MARCHANDS. DE. VIN. Saint Nicolas. ℞. MAY. MIL. SIX. CENT. SOIXANTE. ET. QVATRE. Navire et Etoile. Cu. r. *TB*.

656 — Même avers daté 1689. ℞. BOVTEVILLAIN. PREVEL. GVEVDINET. BARDIN. Navire et treille. Cu. r. *TB*.

657 **Marchand au Palais**. A. LA. COVRONNE. BVFOVR. SALLE. NEVVE. DV. PALAIS. Couronne 1720. ℞. Monogramme. Cu. j. Oct. *TB*.

658 **Eaux de Paris**. LE. DIEV. DV. FEV. DEVIENT. LE. DIEV DES. EAVX. Vulcain assis entre une urne et un foyer par Duvivier. ℞. ADMINISTRATION. DES. EAVX. DE. PARIS. ET. DES ENVIRONS. Armes de Paris 1788. Arg. Oct. *TB*. (Le mot ROYALE et les fleurs de lis des armes de Paris supprimées à la Révolution). *Rare*.

659 **Eclairage**. FVRES. ET. TENEBRAS. FVGAT. Bec de gaz. ℞. ECLAIRAGE. PAR. LE. GAZ. POVR. PARIS. ET. LA. BANLIEVE PAYS. ET. CIE. BELLEVILLE. Arg. s. d. *TB*.

660 — INDVSTRIE. PARTICVLIÈRE. — VTILITE GÉNÉRALE. ℞. SOCIETE. DES. BATIGNOLLAISES. 1836. Arg. *TB*.

661 — Mercure donnant la main à une Déesse tenant une pique. ℞. CAISSE. PATRIOTIQVE. ETABLIE. A. PARIS. EN. 1791. Hennin 291. Arg. Oct. *TB*.

662 — SOCIETAS. IOCOSA. CRÉÉE. LE. 2 IVIN. 1802. ℞. POVR. BVT. L'HVMANITÉ... Arg. oct. *Rare*.

663 — SOVS. COMPTOIR. DE. L'INDVSTRIE. DV. BATIMENT. Déesse assise par Farochon. ℞. Armes de Paris. MDCCCXLVIII. Cu. *TB*.

664 — LE. LAFAYETTE. PART. DE. LA. GARE. D'ORLÉANS. CON-
DVIT. PAR. LE. MARIN. L. JOSSE. LE. 19. 8BRE. 1870. **Ballon**.
℞. BALLON DV. SIÉGE DE PARIS. Cu. *TB*. (Voir pl. VIII).

664 *bis* — La Justice à g. par Caqué. ℞. LE. DROIT. JOVRNAL.
DES TRIBVNAVX. FONDE. EN. 1835. Arg. oct. *TB. Rare.*

PROVINCES

665 **Abbeville**. 6 méreaux variés, cu. et plomb. *B*.

666 — .*. PARFAITE. HARMONIE. Fil à plomb. Ex.: ABBE-
VILLE. ℞. Équerre et compas. Cu. r. *TB*.

667 **Amiens**. COMPAGNIE. DES. NOTAIRES. D'AMIENS. Écu royal
de France. ℞. LEGES. ET. MORES. La Justice assise à dr.
par Gatteaux. 1816 cu. r. *TB. Rare en ce métal.*

668 — COMPAGNIE. DES. NOTAIRES. DE. L'ARRON^t. D'AMIENS.
℞. LEX. EST..... Table de la Loi et balances 1854. Cu.
oct. *TB. Rare en ce métal.*

669 — CAISSE. COMMERCIALE... COMMISSION DE SVRVEILLANCE.
1857. ℞. Armes d'Amiens. Cu. *TB*.

670 — Méreaux de 12 deniers. 3 variétés 1658 et sans date..
Plomb. *TB*.

671 **Angers**. F. JOVRDAN... MAIRE. 1711. Ses armes. ℞. DIS-
PERSIT. DEDIT. PAVPERIBVS. Le maire faisant l'aumône
à 6 pauvres. Planchenault 16. Cu. r. *TB*.

672 — Louis XV, buste à dr. signé C. N. R. en monogramme. ℞. ASSIDVIS CONSILIIS. Armes d'Angers... Sans
date. Variété de Planchenault. 45. Arg. *TB*.

673 — L. STAN. XAV. ANDEGAV. AD. REGEM. MEDIATOR. Le Duc
d'Anjou et la ville suppliante devant le buste du Roi.
MDCCLXXIII. ℞. MVNICIPALE. PRÆMIVM. Armes d'Angers.
Ex: MAIRIE. D'ANGERS. Planchenault. 58 Arg. *TB*.

674 **Arras**. Louis XIV. Buste à dr. ℞. HÆC. SVNT. PRÆLV-
DIA. PACIS. Corps de Cavalerie devant Arras. 1655. Cu.
r. *TB*.

675 — CHAMBRE. DES. NOTAIRES. ℞. QVODCVMQVE. NOTAMVS.
LEX. Mains jointes sous un code ouvert; sans date arg.
TB.

676 **Bapaume**. LVDOVICVS XIII... écus de France et Navarre.

ℝ. QVÆ. CITO. MŒSTA. RVPTA. BALPAVME. Foudres tombant sur la ville. Cu. j. s. d. *TB*.

677 **Bar-sur-Aube**. NOTAIRES. DE. L'ARRONDISSEMENT. Écu à la Charte sur un trophée de drapeaux. ℝ. LEGES. ET. MORES. 1840. Arg. oct. *TB*.

678 **Bar-le-Duc**. NOTAIRES. DE. L'ARRONDISSEMENT. ℝ. Justice assise. SCIRE. LEGEM. COLERE. JVSTITIAM. Sans date arg. oct. *TB*.

679 **Beauvais**. NOTAIRES. DE. L'ARRONDISSEMENT. Écu à la Charte sur un trophée de drapeaux. ℝ. ÆQVO. ET. VERO. VITAM. IMPENDERE. Caducée, miroir et mains jointes. MDCCCXXXII. Arg. oct. *TB*.

680 **Bolbec**. CHAMBRE. DE. COMMERCE. dans une couronne. ℝ. Armes de la ville, sans date. Arg. oct. *TB*.

681 **Bourges**. SVA. CVIQVE. MINISTRO. La Justice debout. ℝ. SVMMA. IMPERII. APVD. BITVRIGES. Armes de Bourges. Cu. j. *TB*.

682 **Bourges. Félibien des Avaux**. Son buste à g. 1695. ℝ. AND. FELIBIEN. S. DES AVAVX. DAME MARGVER. LEMAIRE S. ESP. Leurs armes en 2 écus sur un cartouche. Cu. *B*.

683 — Variété, les écus tenus par 2 licornes. Cu. *B*.

684 — Même avers. ℝ. IOACH. DE. BRVET. DE LA SEIG. DE LA CHESSAIS. COMMT. LA. NOBLE. DE LA PRO D'ORLÉANS ET DAME MAR. ANNE FELIBIEN, SON ESP. 1700. Leurs armes. Cu. *B*.

685 — NICOL. AND. FÉLIBIEN. VIC. GEN. ET. DOYEN A BOVRGES. 1697. Ses armes. ℝ. Celui du n° 682. Cu. *B*.

686 **Bourgogne**. Chambre des Comptes. PRO. GENTIB. COMPOTO. BVRG. Écu royal de France dans le collier de l'Ordre de St Michel. ℝ. KAROLVS. FRANCORVM. REX. DI. Croix pattée (Charles VIII). Cu. *TB*. *Rare*. (Voir pl. VIII).

687 **Etats de Bourgogne**. Armes de Bourgogne. ℝ. GALLIARVM. SECVRITAS. Henri IV et ses 2 fils. 1609. Cu. j. *B*.

688 **Elus de Bourgogne**. G. DE. GADAGNE. etc... Ses armes. ℝ. VIVA. ET. PERENNIS. 1695. Flamme sur un autel. Cu r. *TB*.

689 **Compiègne**. H. F. D'AGVESSEAV. Sa tête à g. ℝ. NOTAIRES DE. L'ARROND. DE. COMPIEGNE. Sans date — 1811. Trésor u. u. Arg. oct. *TB*. *Rare*.

690 **Corbeil**. Louis-Philippe Iᵉʳ. Tête nue à dr. par Peu-
vrier. R). COMPAGNIE. DES. NOTAIRES. ARRONDISSEMENT.
Arg. oct., sans date. *TB*.

691 **Dijon. Pierre Bouhier**. Maire. PASCITVR. VT. PASCAT.
1584. Écu à la vache. Armes parlantes de Pierre Bouhier. R). VRBIS. STEMMATA. DIVÆ. Armes de Dijon. Cu.
j. *TB. Rare*.

692 **Doullens**. EXPECTA. DOMINVM. VIRILITER. AGE. 1595.
Henri IV combattant un ours, un loup et un serpent.
R). ET. ILLE. ROBORABIT. COR. TVVM. Armes de la Zé-
lande. Cu. r. *TB*.

693 **Etampes**. COMPAGNIE. DES. NOTAIRES. DE. L'ARROND . R).
La Justice assise de face. Arg. oct. sans date. *TB*.

694 **Evreux**. Louis XVIII. Buste nu à g. R). SOCIÉTÉ. D'AGRI-
CVLTVRE. DÉPARTEM. DE. L'EVRE. EVREVX. 1807 (sic).
Arg. *TB*.

695 — Louis XVIII. Buste nu à g. par Gatteaux. R). CHAM-
BRE. DES. NOTAIRES. ÉVREVX. Armes royales de France
sur manteau. Arg. oct. s. d. *TB*.

696 **Fives-Lille**. TEMOIGNAGE. DE. RECONNAISSANCE. A. LA.
COMP. DE. FIVES. LILLE. PAR. J. B. GVERMONPREZ. & CIE.
GAZ. DE. WAZEMMES. LILLE. 2 AVRIL. 1874. R). Usine et
déesse tenant un reverbère. Cu. r. oct. *TB*.

697 **Fontainebleau**. Louis XVIII. Buste nu à g. par Léve-
que. R). LEX. EST. etc... CHAMBRE.. DES. NOTAIRES. DE.
L'ARRONDISSEMENT. Arg. oct., sans date. *TB*.

698 **Grenoble**. PATRIAE. ET. MVSIS. Autel entre 2 arbres. R).
LYCÉE. DE. GRENOBLE. AN. IV. Hennin 745. Cu. j. *TB*.

699 **Languedoc**. Louis XIV. Tête à dr. COMITIA. OCCITANIA.
1711. R). PVLSIS. HOSTIBVS. Navire entrant au port.
1710. Cu. r. *TB. Rare en ce métal.*

700 — Louis XV. Tête au bandeau à dr. R). Écu du Languedoc. 1741. Arg. *TB*.

701 — Louis XV. Tête laurée à dr. R). SERA. TAMEN. RESPE-
XIT. La Paix assise. 1750. Arg. *TB*.

702 — Louis XV. Tête laurée à g. R). Écu du Languedoc.
1773. Arg. *TB*.

703 — Louis XVI. Buste habillé à dr. par Gatteaux. R).
Armes de Languedoc. 1776. Arg. *TB*.

704 — Variété même type. 1786. Arg. *TB.*

705 **Laon.** Louis XIV. Tête nue à dr. ℞. PRIX. GENERAL. DE. LA. VILLE. DE. LAON. 1700. Armes de la ville. Cu. r. *TB. Rare.*

706 **Le Hâvre.** Louis XVI. Buste à dr. par Gatteaux. ℞. FIT. ETIAM. FORTIOR. PRVDENT. Hercule présentant la corne d'un taureau à la Prudence. Ex. : COMP D'ASSVR. SOLIDAIRE. DV. HAVRE. 1783. Arg. oct. *TB.*

707 — COMPAGNIE. HAVRAISE. DE. MAGASINS. PVBLICS. 1859. ℞. 2 amours tenant un cartouche aux armes du Havre. Arg. *TB.*

708 **Lille.** CHAMBRE. DES. NOTAIRES. DE. L'ARRONDISSEMENT. DE. LILLE. ℞. LEX. etc. La Justice debout. Exergue : A. LECOMTE. LILLE. 1848.

709 — Variété. 1849. Arg. oct. *TB.*

710 — Variété. Exergue : V. TRIBOVT. LILLE. 1865. Arg. oct. *TB.*

711 — COMPAGNIE. DES. FONDERIES. ET. FORGES. DE. LA. LOIRE ET. DE. L'ISERE. 1822. ℞. VASTA. FORNACE. LIQVESCIT. Haut fourneau, par Barre. Cu. r. *TB.*

712 **Lyon.** D. L. PREVOSTE. D. M DE SILVECANE, etc. Ses armes. ℞. NEC. MORAS. NEC. NOVIT. ERRORES. 1670. Horloge sur une table. Cu. j. *B.*

713 — CONSEIL. MVNICIPAL. DE. LA. VILLE. DE. LYON. Armes. 18... ℞. ASSIDVIS. HONOR. Feu et branches de chênes, par Chavanne. Cu. r. *TB.*

714 — ACADEM. SAGITTAR. LVGDVD. Carquois et flèches. ℞. DEXTERITATI. DEBITA. MERCES. Renommée, carquois et flèches. Signature I. L. Arg. s. d. *TB.*

715 — Armes de Lyon. ℞. VOIRIE. ARCHITECTVRE... SECOVRS. MVTVELS... MDCCCLVII. Cu. *TB.*

716 — NEAPOLIS. COMPIE. DV. GAZ. Déesse assise à dr. devant le Vésuve. ℞. Lion debout à g. tenant une torche. MDCCCXLIV. (Compagnie lyonnaise pour le gaz de Naples). Arg. *TB.*

717 **Mantes.** MANTA. DEL. QVECVM. PRÆFERT. ET. LILIA. REGIS. Armes de Mantes. 1507. ℞. HENRICVS. IIII. FRANCORVM. etc... Ecus de France et de Navarre. Cu. j. *TB.*

718 **Marseille.** Louis XVI. Buste à dr. les cheveux noués par Gatteaux. ℞. QVAM. HOSPITIO. EXCIPIT. ARCET. Ou-

vriers déchargeant un bateau. Ex. : CONSILIVM. MASSI-
LIENSE. SALVTIS. PVBLICÆ. CVSTOS. MDCCLXXV. (Inspec-
tion sanitaire durant la **Peste**. Arg. oct. *TB*.

719 — Variété. Buste plus grand, les cheveux dénoués.
Arg. oct. *TB*.

720 — Louis XVI. Buste à dr. par Gatteaux. ℞. QVOT. CVR-
SVS. IMMOTA. REGIT. Port de Marseille. CHAMBRE. DV.
COMMERCE. 1775. Arg. oct. *TB*.

721 **Mondidier**. CHAMBRE. DES. NOTAIRES. DE. L'ARROND . Armes. ℞. QVODCVMQVE. NOTAMVS. LEX. Tête de Minerve.
LOI. DV. XXV. VENTOSE. AN. XI. Cu. *TB*. *Rare* en ce métal. (Voir pl. VIII).

722 **Nantes**. Louis XVI. Buste nu à dr. ℞. NOTARII. REGIS.
COMIT. & DIŒC. NANNET. Armes couronnées France Bre-
tagne (**Notaires**). Arg. s. d, *TB*. *Rare*.

723 **Nevers, Orléans, Nantes**. INEXPLOSIBLES. DE. LA. LOIRE.
NEVERS. ORLEANS. NANTES. ℞. LIGÉRIANAS. INTER. SORO-
RES. VINCVLVM. Bateau à roues. 1838. Arg. oct. *TB*.

724 **Noeux**. MINE. DE. NOEVX. PAS. DE. CALAIS. Bâtiments
d'exploitation. ℞. COMPAGNIE. DES. MINES. DE. VICOIGNE.
FONDÉE. EN. 1843. Arg. *TB*.

725 — Variété. ℞. COMPAGNIE. DES. MINES. DE. VICOIGNE. ET.
DE. NOEVX. 1843-1887. Arg. *TB*.

726 **Péronne**. AD. VTRVMQVE. PARATVS, 1656. Cavaliers. ℞.
VRBS. NESCIA. VINCI. La ville de Péronne assise. Cu. r.
et cu. j. Ens. 2 pièces. *B*.

727 — Variété d'avers. VT. DIRIGAT... Arbre. Cu. j. et r.
Ens. 2 pièces. *B*.

728 — COMPAGNIE. DES. NOTAIRES. DE. L'ARRONDISSEMENT.
DE. PERONNE. ℞. LEX. etc... Table de la Loi et balances.
1858. Cu. j. oct. *TB*. Rare en ce métal.

729 **Pontoise**. CHAMBRE. DES. NOTAIRES. DE. L'ARRONDISSE-
MENT. Écu royal de France couronné sur manteau. ℞.
FIDVCIA. JVDEX. FIDE. REDACTOR. Balances, plume et bran-
che de laurier. MDCCCXVI. Arg. oct. *TB*.

730 **Reims**. ARRONDISSEMENT. DE. REIMS. NOTAIRES. ℞. La
Justice assise à g. par Tiolier. 1824. Arg. *TB*.

731 — ARRONDISSEMENT. DE. REIMS. CONFÉRENCE. DES. NOTAI-
RES. ℞. Table de la Loi et balances. 1847. Arg. oct. *TB*.

732 **Rennes.** MEDIIS. TVTISSIMVS. VNDIS. 1762. Armes de Hévin. ℞. DE. LA. MAIRIE. DE. M. HÉVIN. Armes de Rennes. Arg. *TB*.

733 **Rochefort.** ACCORD. PARFAIT. O. ⁂. DE. ROCHEFORT. Équerre et compas. 5779. ℞. JETON. DE. PRESENCE. Cu. *TB*.

734 **Rouen.** HENRICVS. IIII. FRANCORVM. etc... Ecus de France Navarre. ℞. CIVITAS. ROTHOMAGENSIS. Armes de Rouen. 1608. Cu. j. *TB*.

735 — Variété. CIVITAS. etc. 1620. Armes de Rouen. ℞. NVLLA. HAC. TVTIOR. VMBRA. Grand chêne. Cu. j. *TB*.

736 — Variété. CIVITAS. etc. ℞. ONVS. ARTE. LEVATVR. 1638. Grue descendant une pierre. Cu. j. *TB*.

737 — Variété. CIVITAS. etc. ℞. FERT. PACEM. CYPRIDIS. ALES. 1650. Colombe portant un rameau. Cu. r. *TB*.

738 — ORBI. QVIETEM. SÆCVLO PACEM SVO 1699. Louis XIV Tête nue à dr. ℞. VETVS. ET. etc... Armes accolées du vieux et du nouveau Rouen. Cu. r. sans date. *TB*.

739 — PRIVILEGE... ECCLESIÆ. ROTHOMAGENSIS. St Romain debout. CONFRAIRIE. DE. S . ROMAIN. ℞. SOLVENS. DVLCE. ONVS. VINCVLA. Personnages portant une châsse. 1711. Cu. j. *TB*. *Rare* en ce métal.

740 **Léonor Du Bosc de Radepont.** Ses armes. ℞. CIVITAS. etc... Armes de Rouen. sans date. Arg. *TB*. *Rare*. (Voir pl. VIII).

741 **St Germain.** Louis XV. Tête laurée à dr. ℞. ALTIS. SIC. PROVIDVS. IMIS, Berger et troupeaux de bœufs. Ex.: MANVFACTVRE. ROYALE. DES. CVIRS. DE. S . GERMAIN. 1756 Cu. j. *B*.

742 **St Omer.** JOSEPH. ALPHONSE. DE. VALBELLE. EPISCOP. ODOMARENSIS. 1730. Ses armes. ℞. VERTV. ET. FOR-TVNE. La Fortune. 1723. Cu. j. *TB*.

743 — Méreaux de XII deniers. 2 variétés, 1526, 1716. Cu. r. *B*.

744 **Saumur.** ARROND . DE. SAVMVR. CHAMBRE. DES. NOTAIRES ℞. Table de la Loi et balances dans une couronne de chêne. Arg. *TB*. sans date.

745 **Maires de Tours.** EVSTA. GAVLT. DE. LA. BRILLANDIERE. etc... 1506. Ses armes. ℞. Armes de Tours. Cu. j. *TB*.

746 — T. BONNEAV. SR. DV. GARSOIS. 1605. Ses armes. ℞. Armes de Tours. Cu. j. *TB*.

747 — HOVDRY. SR. DES. ROVLETZ, etc... 1606. Ses armes.
R̦. Précédent. Cu. r. *TB*.

748 — DE. VAVX. S. DE. BERRY. etc... 1611. Ses armes. R̦.
Précédent varié. Cu. j. *TB*.

749 — I. LE. BLANC. ESCVIER. S. D. LAVALIÈRE. etc. 1619. Ses
armes. R̦. ASYLVM. ET. FORTITVDO. etc. Armes de Tours.
Cu. j. *TB*.

750 **Trianon.** Louis XIV. Tête à dr. R̦. CELERITATE. ET. MA-
GNIFICENTIA. Vue de Trianon. 1689. Cu. r. *TB*.

751 **Versailles.** LOVIS. XVI. LE. BON. ROI. DES. FRANCAIS. Sa
tête à dr. R̦. OVVERTVRE. DES. ETATS. GEN. A. VERSAIL-
LES. 1789. Vue du Bâtiment. Cu. *TB*.

752 — Napoléon III. Tête nue à g. par Caqué. R̦. CHAMBRE.
DES. NOTAIRES. DE. L'ARRONDISS. DE VERSAILLES. Coq sur
une branche de chêne. Arg. oct. *FDC*.

DECORATIONS

TOUTES AVEC RUBAN

(Voir nᵒˢ 352, 361, 362, 395, 406, 410, 575, 576, 577)

753 **Légion d'honneur.** 1ᵉʳ Empire. NAPOLEON. EMP. DES FRAN-
CAIS. Sa tête à g. Réduction en argent 12ᵐ/ᵐ du 4ᵉ type,
couronne fleuronnée, boules aux pointes de la croix.
TB.

754 — République de 1848. BONAPARTE. PREMIER. CONSVL.
19 MAI. 1802. Sa tête à dr.; type officiel sans couronne
au-dessus de la bélière. Arg. 45ᵐ/ᵐ. *B*.

755 **Croix de St Louis.** Type de la Restauration. Croix à 4
branches avec boules aux pointes, fleurs de lis dans les
angles. St Louis debout en médaillon central. Or 20ᵐ/ᵐ.
TB.

756 **Ordre du Lis.** La Fidélité. Etoile à 5 branches émaillées
blanc, surmonté d'un lis et de la couronne royale, médaillon central. FIDELITÉ. DEVOVEMENT. Tête de
Louis XVIII à dr. Arg. 32ᵐ/ᵐ. *TB*.

757 **Croix de Juillet.** Etoile à 3 branches émaillée blanc, surmontée d'une couronne murale. Médaillon central. Coq
à g., au revers. DONNÉ. PAR. LE. ROI. DE. FRANÇAIS. 27,
28, 29 JVILLET. 1830. Arg. 40ᵐ/ᵐ. *TB*.

758 **Médaille militaire.** Second type de Napoléon III. LOUIS. NAPOLÉON. Tête à g. surmontée de l'aigle tenant la foudre. ℞. VALEVR. ET. DISCIPLINE. Arg. 26ᵐ/ᵐ. 2 variétés non signées. *TB.*

759 — Variété. Arg. 26ᵐ/ᵐ, signée BARRE. *TB.*

760 — Réduction non signée. Arg. 10ᵐ/ᵐ. *TB.*

761 — 2ᵉ type de la République; trophée mobile surmontant la tête de République à g. 1870. Arg. 26ᵐ/ᵐ. *TB.*

762 **Médaille de Ste Hélène.** Tête de Napoléon Iᵉʳ à dr. ℞. CAMPAGNES. DE. 1792. A. 1815. Br. 31ᵐ/ᵐ. *TB.*

763 — Réduction. Br. 11ᵐ/ᵐ. *TB.*

764 **Médaille de Crimée.** Réduction arg. 13ᵐ/ᵐ, à la tête de Victoria d'Angleterre. *TB.*

765 **Campagne d'Italie** 1859. Tête de Napoléon III à g. par Barre. Arg. 31ᵐ/ᵐ. *TB.*

766 — Armes de Savoie. AL. VALORE. MILITARE. ℞. Lég. gravée, GUERRE. D'ITALIE. Arg. 33ᵐ/ᵐ. *TB.*

767 **Expédition de Chine.** 1860. Réduction arg. 15ᵐ/ᵐ à la tête de Napoléon III à g. *TB.*

768 **Expédition de Mexique.** 1867-1863. Tête de Napoléon III à g. par Barre. Arg. 31ᵐ/ᵐ. *TB.*

769 — Mexique. Notre-Dame de Guadalupe. Réduction en or.. 10ᵐ/ᵐ. *TB.*

770 **Croix de Mentana.** 1867. PIVS. IX. Croix à 4 branches au centre les clés et la tiare. Variété en étain. 41ᵐ/ᵐ. *TB.*

771 **Secours aux Blessés 1870.** Croix des Ambulances. Réduction. Br. 12ᵐ/ᵐ. *TB.*

772 **Tonkin, Chine, Annam.** Décoration aux marins. Tête de République à g. ℞. CAUGIAI... 1883-1885. Arg. 30ᵐ/ᵐ. *TB.*

773 **Ligue des Patriotes.** Insigne en bronze. Étoile 45ᵐ/ᵐ. *TB.*

774 **Chevaliers Sauveteurs des Alpes-Maritimes.** Insigne. Cu 38ᵐ/ᵐ. *TB.*

775 **Chevaliers Sauveteurs de l'Oise.** Insigne. Arg. 15ᵐ/ᵐ à la tête laurée de Napoléon III à g. *TB.*

776 **Angleterre.** Découvertes arctiques. Buste de Victoria à g. ℞. Navire. 1818-1855. Arg. oct. 16ᵐ/ᵐ. *TB.*

777 **Autriche.** Mérite civil. Croix à 4 branches avec médaillon central FJ. ℞. 1849. Arg. 30ᵐ/ᵐ. *TB.*

778 **Belgique.** Société centrale des Sauveteurs. Tête de Léopold II à g. Arg. 21^m/^m. *TB.*

779 **Chili.** Ordre de St André. Croix émaillée blanc à 5 branches, croix en médaillon central. Or. 15^m/^m. *TB.*

780 **Espagne.** Ordre de Charles III. Croix à 4 branches, fleurs de lis dans les angles. Cu. doré 28^m/^m. *TB.*

781 — Ordre de St Ferdinand. Mérite militaire. Croix à 4 branches. Médaillon central, le St debout. Cu. doré. 40^m/^m. *TB.*

782 — Variété. Cu. doré. 26^m/^m. *TB.*

783 — Ordre d'Isabelle la Catholique. Croix à 4 branches, au centre médaillon POR. ISABEL. LA. CATOLICA. Cu. doré. 28^m/^m. *TB.*

784 — Ordre d'Isabelle II. Croix à 4 branches, au centre son chiffre. Arg. 11^m/^m. *TB.*

785 — Mérite militaire. Croix à 4 branches, médaillon central, armes d'Espagne. Cu. doré. 40^m/^m. *TB.*

786 **Italie.** Saint Maurice et Lazare. Croix double émail blanc et vert. Or 36^m/^m. *TB.*

787 **Nassau.** Adolphe. Croix émaillée blanc à 4 branches. Au centre médaillon A couronné. ℞. 1292-1858. Arg. 30^m/^m. *TB.*

788 **Prusse.** Mérite. Décoration uniface; cercle émaillé bleu avec inscription. POVR. LE. MÉRITE, entre 4 couronnes. Or. 51^m/^m. *TB.*

789 **Roumanie.** 18 ans de service. Le chiffre XVIII en une couronne. Arg. ovale. 16^m/^m × 13^m/^m. *TB.*

790 **Russie.** Ordre de Ste Anne. Croix à 4 branches, médaillon central. Ste Anne debout. Or. 29^m/^m. *TB.*

791 **Turquie.** Medjidié. Croix à 7 branches. Médaillon central; chiffre du Sultan. Arg. 32^m/^m. *TB.*

792 **Vénézuéla.** Bolivar. Buste de SIMON. BOLIVAR. à g. ℞. Armes du Vénézuela. Arg. doré ovale 38^m/^m × 43^m/^m. *TB.*

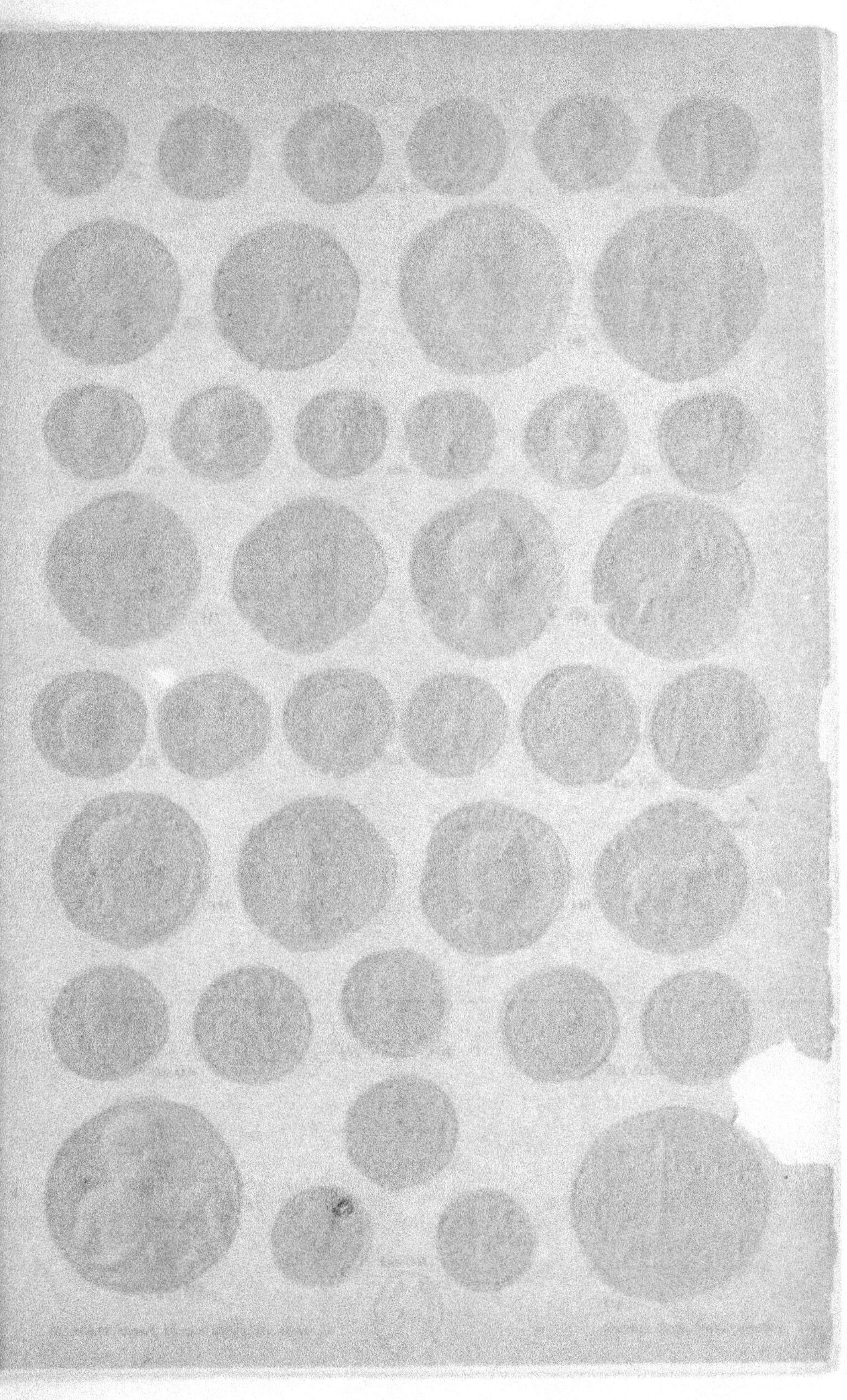

Pl. III

178 OR
188 OR
177 OR
196 OR
220
225
229
196 OR
194 OR
271
211 OR
214
221 OR
246
233
246
243
284
243
265
289

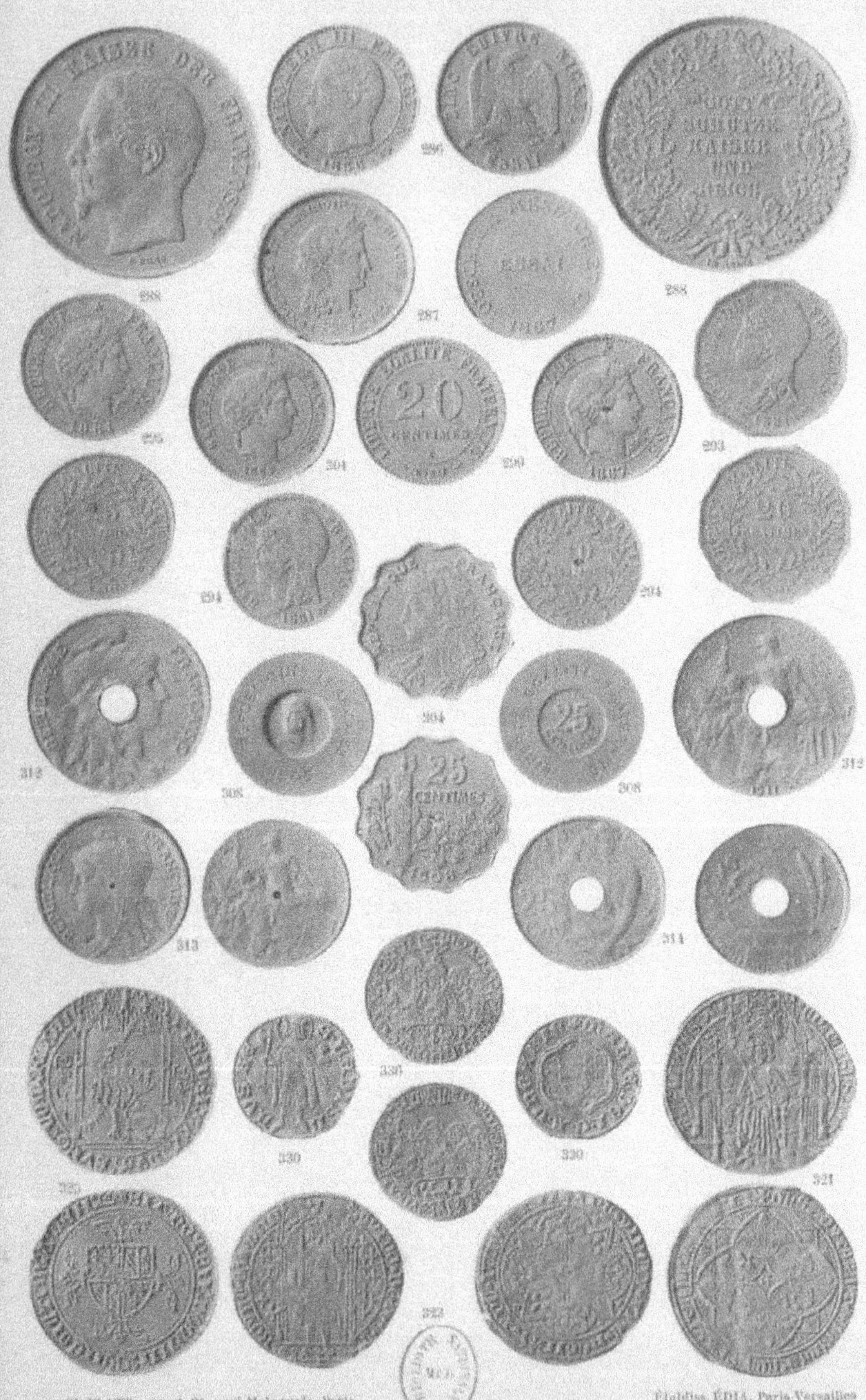

451
354
354
393
506
365
477
406
408
AUX
BONNES
CITOYENNES
LE 3 OCT.
1789
PRIX
DE L'ECOLE
DE SOREZE

458 OR
466 OR
470
474 OR
464
477 OR
479 OR
480 OR
490
476
506
491
465
482
465

www.ingramcontent.com/pod-product-compliance
Ingram Content Group UK Ltd.
Pitfield, Milton Keynes, MK11 3LW, UK
UKHW022056170726
13837UKWH00002B/969